La máquina dictatorial:
Poder y narrativa en Guatemala, Colombia y Venezuela

JULIO QUINTERO

ISBN: 1-930744-70-6
© Serie *Nuevo Siglo*, 2016
INSTITUTO INTERNACIONAL DE
LITERATURA IBEROAMERICANA
Universidad de Pittsburgh
1312 Cathedral of Learning
Pittsburgh, PA 15260
(412) 624-5246 • (412) 624-0829 fax
iili@pitt.edu • www.iilionline.org

Colaboraron con la preparación de este libro:

Composición, diseño gráfico y tapa: Erika Arredondo
Correctores: Rodolfo Ortiz y Mauricio Pulecio Pulgarin
Imagen de portada: "The Airloom Machine" soñada por James Tilly Matthews y compendiada en *Illustrations of Madness* (1810) por John Haslam

They have their specters.
>
> Gilles Deleuze

"La mano que empuña la rienda…" Allí se cortó la escritura.
>
> Arturo Uslar Pietri

Índice

Prefacio y agradecimientos 7

Introducción y líneas teóricas 9
   El caudillo como padre 10
   La máquina dictatorial 15
   La doble naturaleza de la repetición 22
   Repetición y máquina dictatorial 25
   Los capítulos 29

Capítulo I

Moneda falsa: *El material humano* de Rodrigo Rey Rosa 37
   Origen del archivo policial 40
   Una máquina de vigilancia: *El Señor Presidente* 42
   Panopticismo y tortura 47
   Copia y simulacro 51
   El dictador como *residuum* 55
   Violencia post-archivo 60
   Destrucción de la forma 66

Capítulo II

El monstruo bajo el agua: *Los felinos del Canciller* de R. H. Moreno Durán 75
   Simulacro como espectáculo 76
   Reducción triple 81
   Incesto como agotamiento 91
   Formosa superne: el monstruo bajo el agua 95
   El regreso 98

Capítulo III

La máquina dictatorial: Juan Vicente Gómez 107
   Oficio de difuntos de Arturo Uslar Pietri 109
   La función del mito 112
   El brujo de los Andes 116

El padre blanco	124
La mano en la rienda	134
Acople: El vampiro de los Andes	143
Acople: El espectro	157
Ladrones en casa de Diógenes Escalante	157
En diálogo con la sin-razón	161
Carlos Delgado Chalbaud: El dictador ilustrado	177
Acople: Revolución	186
Sacrificio	191
Conclusión	195
Obras citadas	197

Prefacio y agradecimientos

El presente es un libro sobre repetición y simulacros, o sobre repeticiones como simulacros. Aquello que se repite es el caudillo y el dictador como personaje en novelas que en ciertos casos no tienen relación ninguna con la narrativa del caudillo y el dictador. Como simulacros y repeticiones, se interpretan bajo la lógica del deseo codificado en el rostro del déspota. Los países elegidos –Guatemala, Colombia y Venezuela– presentan similitudes obvias y distinciones profundas, así que cualquier intento por relacionar su historia rayaría en la generalización. Por tanto, solo presento los simulacros dentro de la propia lógica de sus repeticiones. Las novelas escogidas pudieron ser otras, pero al examinar las recurrencias que este libro incluye, creo que aparecen como ejemplos preclaros del deseo del regreso. En un presente con cada vez menos novelas sobre caudillos y dictadores, ¿qué sucedió con el personaje al que en algún momento se le llamó el más típicamente latinoamericano? Este libro espera responder este cuestionamiento.

Agradezco al Comité de Desarrollo Profesional de la Universidad de Waynesburg, la institución a la cual pertenecía cuando comencé a escribir este volumen, por la beca recibida en la primavera de 2012, la cual me permitió escribir la primera versión. Agradezco también a la biblioteca Hillman y su magnífica colección de literatura hispanoamericana, y al Centro de Estudios Latinoamericanos (CLAS) de la Universidad de Pittsburgh, los cuales a través de dos becas de investigación en los veranos de 2009 y 2012, me dieron la oportunidad de recopilar material bibliográfico para este proyecto y completarlo en una primera etapa. Mi gratitud para un lector anónimo del ILLI, quien con sus valiosos comentarios me permitió realizar una revisión del primer manuscrito para darle la forma actual.

Julio Quintero

Mis agradecimientos en especial a Adriana Gordillo y a Alannah Hernández, con quienes, a través de numerosos paneles en conferencias, muchas de las ideas de este libro han sido ampliadas y contrastadas. Agradezco a Juan Duchesne-Winter por su interés en este proyecto y a Joonna Trapp y Jay Aultman-Moore por sus ideas y apoyo. Mi gratitud también para mi esposa, Arne Romanowski, con quien estas ideas han madurado y evolucionado.

La sección sobre Juan Vicente Gómez y Maria Lionza fue publicada como un artículo en Hispanic Issues. Mis agradecimientos a Nicholas Spadaccini por su interés y comentarios. La sección sobre ley monárquica y panopticismo en *El Señor Presidente* fue publicada en Delaware Review of Latin American Studies.

Introducción y líneas teóricas

Si se realizara una búsqueda de novelas que retrataran la figura del caudillo o del dictador en la novela hispanoamericana después de 1990, los títulos que se podrían acopiar serían bastante reducidos, en especial si se los comparara con la avalancha de nombres característica de las décadas anteriores. En algún momento después de 1976, un evento tuvo lugar, un evento que produjo descrédito o desinterés por retornar a la figura del dictador. Tanto en los años anteriores a 1976 como en los posteriores, las razones que explican su repetición en la narrativa hispanoamericana aún permanecen inexploradas por la crítica. ¿El dictador se repite debido a la importancia que lo caracterizó durante la formación de los Estados en el siglo diecinueve? ¿Su repetición se explica en virtud de la influencia que un escritor ejerce sobre otro? ¿Qué razones filosóficas fundamentan la larga serie de novelas sobre caudillos y dictadores que han sido publicadas en Hispanoamérica? Como eventos a ocurrir dentro de esta tradición, ¿qué características asumiría, como ocurrencia en la serie de repeticiones, la representación ficcional del dictador en la narrativa luego de su descrédito?

Cualquier intento de respuesta a estos interrogantes debe dar cuenta primero de la naturaleza y las condiciones que harían posible la repetición. Comenzando por una aproximación a la lectura de la representación del caudillo como padre y a las posibilidades de la repetición como fruto de la negatividad asociada a la represión, este libro propone un nuevo acercamiento a través del concepto de máquina deseante elaborado por Gilles Deleuze y Félix Guattari en su libro *Anti-Edipo*. Pero en lugar de centrarse en el pasado de las ocurrencias en la serie de repeticiones, aspira a determinar los ejes de sentido y el horizonte que permitiría valorar nuevas repeticiones.

Julio Quintero

El caudillo como padre

En 1976 Ángel Rama, en su volumen sobre los dictadores latinoamericanos, afirmaba, partiendo de la correspondencia jungiana existente entre el inconsciente y un banco milenario de arquetipos míticos, que dentro de los distintos sentidos conferidos al dictador, el de "padre" ocupaba un lugar primordial (12). Con el objetivo de subrayar su centralidad, Rama ofrecía una imagen más, esta vez añadiendo un diminutivo en el que resonaba la esperanza que por momentos se cifraba en la aparición del caudillo, la "compensación ilusoria de que había allá lejos un 'padrecito' que quizás velaba" por la masa pobre y desheredada (18). En su referencia al caudillo y al dictador como *un* padre o como padre, no está lejos Ángel Rama de la anécdota citada múltiples veces sobre el deseo de los escritores que más notoriedad tuvieron durante el boom latinoamericano de escribir de forma coordinada en 1969 una serie de volúmenes sobre "los padres de la patria". Pero tampoco se aparta Rama del apelativo que los caudillos y dictadores adherían a su propio cuerpo como una medalla más en su guerrera, precisamente éste del cual se habla, el de "padre de la patria".

Por supuesto, fragmentos de paternidad se incrustan en el cuerpo del caudillo, tanto por voluntad propia como por el esfuerzo de sus seguidores, y también por mano de historiadores, periodistas, críticos, novelistas y poetas. En el desorden legado por las guerras de independencia, los caudillos convirtieron la hacienda en la única institución estable y cohesionaron grupos que, sirviendo como ejércitos privados, les permitieron hacerse con el poder, disputar el poder que ostentaban figuras similares y centralizar el Estado. En el siglo diecinueve el caudillo, cementando la lealtad a su persona mediante lazos de sangre y el vínculo del compadrazgo, se convirtió ciertamente en patriarca, en gran padre, en un monopolizador de poder y riqueza. Con la inyección del capitalismo y el establecimiento de un ejército regular, surgió el dictador. Y una vez establecido, en novelas, textos de historia y elegías, en notas periodísticas, biografías y memorias, en discursos de posesión o de despedida, ambos, tanto caudillos como dictadores, se representaron comúnmente como "los padres de la patria". Rafael Carrera en Guatemala: el padre de la

La máquina dictatorial

patria, aquel que desestabilizando la frágil unidad de la Federación, la engendró. Rafael Núñez arrasando con la Constitución federal para sumir a Colombia en una nueva axiomática de orden conservador. Juan Vicente Gómez, luego de sofocar a los caudillos que se oponían al gobierno de Cipriano Castro y garantizar más tarde la sujeción a una sola ley dentro de las fronteras de su país, llamaba a Venezuela su *novia* y afirmaba que él era su sostén y benefactor. El dictador: el padre. La patria: la madre. La patria: la familia. ¿Y el ciudadano? El ciudadano relegado al papel de hijo. Y si el eje metafórico engendra al ciudadano-hijo, como imagen metonímica de ese ciudadano, surge el escritor, hijo privilegiado –al menos tiene voz– (in)capaz de levantarle la voz a su padre para increparlo por sus pecados. Como se sabe, los padres cometen errores. En ocasiones, la mano del padre se levantaba contra la madre, o en pos de la madre, malversando la dote de la madre o vendiéndola a precio irrisorio, frecuentando otras mujeres que no eran la patria, ocultando su verdadero rostro en series de metamorfosis, preocupado por los intereses de otras familias que no eran los de la familia. O contra el hijo, por medio de un control en exceso estricto, una vigilancia perpetua, devorándolo como lo hacía Urano, condenándolo a vivir bajo tierra a similitud de los castigos proferidos por Zeus.

En la afirmación de Ángel Rama y en la vertiente teórica que justifica la equiparación entre el padre y el dictador es, por supuesto, procedente esta articulación. ¿No fueron los caudillos y, posteriormente, los dictadores aquellos que sentaron las bases para la aparición del Estado moderno en Latinoamérica? ¿No fueron ellos fundadores y también modernizadores y constructores? Al explorar las consecuencias de la declaración del dictador como padre y subsumir su presencia en un triángulo edípico, se procedería a explicar el por qué de la repetición de su figura en la narrativa hispanoamericana y proyectar las características de sus ocurrencias luego del fin de la narrativa de la dictadura –el sentido exacto de esta afirmación se clarificará más adelante–.

En el esquema edípico, entendido como la triangulación entre padre, madre e hijo en relación a una economía del deseo y la represión, el ciudadano-hijo, transformado en escritor gracias al desplazamiento basado en las leyes del deseo y el síntoma (Lacan, *Écrits* 166-67), sería la única voz con autoridad para problematizar la figura del padre y la herencia que éste legó. ¿Y por qué increpa el escritor –figura ideal compuesta por todos los rostros y a la vez sin un rostro específico, sin una actualidad concreta, pero rebosante de una virtualidad que fundamentaría cada uno de los casos en la serie de repeticiones– al padre ideal? Porque el padre-caudillo, consciente del peligro que acecha en el deseo, lo reprime. "If desire is repressed, it is because every position of desire, no matter how small, is capable of calling into question the established order of a society" (Deleuze, *Difference* 116). Se reprime el deseo, todo deseo, el deseo libidinal inconsciente que se sublima en el propósito de formular las bases para crear una patria justa, repartir de forma equitativa las riquezas, frenar el uso de los recursos públicos para el provecho personal y garantizar la libertad individual y la igualdad de todos los ciudadanos frente a la ley, sin distinción de raza o género. Pero se trata, en todo caso, del padre fundador, modernizador, constructor. Y el carácter dual que lo define, esta vacilación en torno a la real naturaleza de su labor, su persona y su herencia, explica los sentimientos mezclados de admiración y odio, de esperanza y rechazo, que su figura evoca y que se perciben tanto en los textos fundacionales del siglo diecinueve como en la novela del dictador posterior a la publicación de *El Señor Presidente* y finalmente, en la década de los ochenta, noventa y el primer decenio del siglo veintiuno.

El padre caudillo, esa figura anhelada y desdeñada, funda, centraliza, salva, moderniza y construye, pero también vende, reprime, castiga, encarcela, fusila, desaparece. Pero el inconsciente, como lo afirmó Ernst Bloch, no es solo un repositorio de aquello que será transformado en consciente; no es tan sólo un sistema de progresiones. Su función es también la regresión a un espacio donde las pulsiones conscientes reprimidas por el padre retornan a un fondo indiferenciado, a un Todavía-no-consciente, de las que suben para regresar al campo de consciencia como otra cosa (Lacan, *Four Concepts* 58). En la medida en que los dictadores se multiplican, el deseo reprimido asciende una y otra vez desde el fondo revestido con otras ropas (Lacan, *Four Concepts* 51), para ser reprimido una vez más, multiplicando también la novela sobre el dictador –y con ella, una estela de textos más o menos relacionados con el periodismo, la literatura, la biografía y la autobiografía–. ¿Por qué regresa el dictador como tema de la novela y como personaje de la novela? En un inicio, porque algo falta, porque algo está reprimido.

Y la causa mayor de la repetición del caudillo como tema y personaje reside en la multitud y gravedad de sus pecados, sus pecados como padre, es decir, sus faltas. Retorna lo que falta; regresan las faltas del padre y lo que falta al hijo y a la madre, a la patria como madre y como familia, para alcanzar la plena consciencia, la mayoría de edad. ¿No se cita esta siempre aplazada mayoría de edad y la modernidad nunca alcanzada de forma plena, ese *sapere aude* relegado y en casos conscientemente rechazado, como las causas de la tozuda presencia del caudillo en la narrativa hispanoamericana? Hay caudillos porque el hijo no quiere crecer, no puede crecer y no puede actuar como mayor de edad; porque el padre no lo deja crecer o los albaceas nombrados le impiden crecer; su mayoría de edad se posterga; el hijo renuncia a su deseo de tomar decisiones por sí mismo y las pone en manos del padre que vela por él.

Pero el padre también regresa porque su muerte ha dado lugar al surgimiento de la metáfora por excelencia: la ley –"the fruitful moment of debt through which the subject binds himself for life to the Law, the symbolic Father is, in so far as he signifies this Law, the dead Father" (Lacan, *Écrits* 199)–. Freud narra en *La interpretación de los sueños* un episodio que es después retomado por Lacan en *Los cuatro conceptos fundamentales del psicoanálisis*. En el sueño que Freud narra, el hijo pequeño, luego de haber enfermado, ha muerto. El padre ha dejado su cuerpo a cargo de un hombre que por su avanzada edad no será capaz de permanecer despierto toda la noche velándolo. Un infortunio sucede cuando una de las candelas que rodean el cadáver cae sobre la sábana consumiendo la estancia, mientras en ese mismo instante el padre sueña que su hijo vive de nuevo y le dice, "¿Padre, no ves que me quemo?" (Freud 403, mi traducción). Para Freud, el sueño se produce a causa del brillante haz de luz que se filtra por los resquicios de la puerta, hecho que lleva al padre a entrever en la duermevela que el cuarto de su hijo se incendia, pero representando la conclusión de su silogismo en forma de un sueño cuyo contenido es una pregunta. Lacan interroga el origen y el significado del reclamo que se entrevé en las palabras del hijo y que constituyen la parte central del contenido del sueño: "What is he burning with, if not with that which we see emerging at other points designated by the Freudian topology, namely, the weight of the sins of the father, born by the ghost in the myth of Hamlet, which Freud couples with the myth of Oedipus? The father, the Name-of-the-father, sustains the structure of desire with the structure of the law" (34).

El padre que reprime y los pecados del padre que se queman sostienen la estructura de la ley. Solo en ese momento puede el hijo regresar para enfrentar al padre, pero su imprecación se manifestará como regreso y repetición. El pecado del padre, esa realidad perjudicial que pasó por alto —el haber confiado la custodia del cuerpo de su hijo en alguien incapaz— regresa. "Is not the dream essentially, one might say, an act of homage to the missed reality – the reality that can no longer produce itself except by repeating itself endlessly, in some never attained awakening?" (58).

¿Por qué regresa el dictador a la novela? Porque, como padre, ha pecado. Y en la síntesis del presente, el escritor una vez que se percata de la muerte del padre, no tiene otro camino que ajustarse a la ley del Nombre-del-Padre para descubrir que la realidad que él obvió en su rol de padre, es decir, sus faltas, no cesa de retornar. Desde esta forma de comprensión del dictador, ¿en qué se convierte la tradición de novelas sobre caudillos y dictadores? En un mapa surgido de la represión del deseo efectuada por el Nombre-del-Padre: "the brilliant mapping of the law of desire suspended in the Name-of-the-father" (48). Un deseo que, procediendo en vertical como una bengala, no tiene otro camino más que chocar contra el techo que impone el Nombre-del-padre y extenderse de forma horizontal hasta agotar todo su *momentum* en una serie de puntos no equidistantes, al mismo tiempo unidos y desunidos por la ley del padre.

Sin embargo, este sistema de comprensión del padre y la falta, su muerte y la ley, y el hijo, el regreso y la repetición, como Deleuze y Guattari lo ilustran, es un esquema heredado y codificado. Es por ello que es relativamente simple desenmascarar dinámicas que repiten una y otra vez la triangularidad padre-madre-hijo, tanto a nivel metafórico como metonímico, pues la hermenéutica que gobierna la dilucidación de los significados ocultos en la narrativa del caudillo y el dictador reposa en un sistema de equivalencias que deshace los planos de la significación, y desnuda el signo para regresar al triángulo primordial que revela la presencia indeleble de la represión.

La máquina dictatorial

¿Por qué no comprender el Edipo y las relaciones que instaura como maquinarias codificadas, es decir, como mitos estabilizados –Orfeo, Edipo o Hamlet– que se utilizan para encapsular el regreso de aquello que se repite? Edipo, como fundamento de la comprensión de la representación del dictador en la novela hispanoamericana no es un punto de partida, sino un punto de llegada. Como lo demostraron Gilles Deleuze y Felix Guattari, la emergencia del Edipo como causa y solución de la neurosis es un síntoma más de la entrada en vigor del capitalismo. Si bien la imagen del caudillo-dictador como padre de la patria, la feminización de la patria y su conversión en madre, y el confinamiento del ciudadano a una categoría metafísica inferior, la de hijo, es aceptable desde el plano del emisor y, en clave retórica, como intento de explicar y fundamentar un plan político, desde un nivel filosófico implica una reducción de un universo mucho más amplio (*Anti-Oedipus* 53). Los factores que justifican la aparición del dictador y los símbolos usados tanto por el escritor como por el lector para comprenderlo superan los estrechos vínculos familiares. Como también han apuntado Deleuze y Guattari, Edipo no es punto de origen de la comprensión del individuo en la sociedad, sino un puerto de arribo que acompaña una praxis de orden colonial destinada a la normalización del individuo (75). El Edipo presupone una pérdida de un esquema previo más rico en el cual se vinculaba al individuo con el cosmos y la naturaleza para reducirlo a una triangulación familiar, en la cual el núcleo padre, madre e hijo es fuente, origen y banco único de explicaciones para la presencia de síntomas y en última instancia, de cura para la neurosis (3). Si bien el caudillo-dictador puede llamarse a sí mismo "padre", el hecho de aseverar la verdad de esta afirmación y justificar desde el plano de la recepción las relaciones entre el sujeto que gobierna, el Estado o la patria, y sus súbditos como un asunto susceptible de ser interpretado en los límites del círculo familiar, implica la renuncia a examinar las causas ocultas bajo la superficie. "Oedipus depends of this sort of nationalistic, religious, racist sentiment, and not the reverse: it is not the father who is projected onto the boss, but the boss who is applied to the father" (*Anti-Oediups* 104).

Fue el dictador el que se llamó a sí mismo padre y quien idealizó su poder como un asunto fundamentado y reducible a la paternidad, y no al revés. El hecho de que los ciudadanos crean que el dictador es un "padrecito" que vela por ellos es un producto de un flujo de poder que subsume al ciudadano como parte de ese flujo, que hace del ciudadano un fragmento adherido a la máquina, para que como resultado afirme sin temor, "él es un padre".

Y con la mención de máquinas y flujos se arriba a la noción que se utilizará a lo largo de estas páginas. El caudillo-dictador no es únicamente un padre o el padre. La relación del escritor con el caudillo no se reduce solo a la que distingue al padre y al hijo –Rodrigo Rey Rosa en *Caballeriza* expone los equívocos a los que esta idea conduce–. El dictador se presenta en la literatura hispanoamericana como una máquina, entendiendo por este concepto lo determinado por Deleuze y Guattari, como un flujo eterno e ideal que se corta y se condiciona con cada tajo, y en ocasiones codifica su accionar en el *socius* por medio de la figura del padre, o del mito en general (32). Esta máquina expresa fundamentalmente un deseo y se explicita mediante trabajo e inversión, es decir, como la capacidad de un sujeto de invertir una cantidad de recursos en el campo social con el objeto de producir un bien. Clarificar la naturaleza del deseo es en última instancia el fin del ejercicio hermenéutico (55). La máquina no incluye solo la imagen del caudillo que la ficción, expuesta en la novela y sus múltiples partes ofrecen, sino que se presenta como un flujo continuo que incluye tanto la mano del escritor y el universo representacional del cual surge, como la representación final que lega en la novela y en cierta medida como la audiencia ideal a la cual se dirige, pero de forma que fusiona cada una de estas máquinas. "The machine produces an interruption of the flow only insofar as it is connected to another machine that supposedly produces this

La máquina dictatorial

flow" (*Anti-Oedipus* 37). La falta y la necesidad son también un producto de la máquina, en particular de la máquina capitalista, que utiliza el Edipo, como otra suerte de máquina, para codificar la forma correcta de adquirir el deseo. En la máquina, las partes no son fijas, sino que cambian o se adaptan y se añaden una vez se estropean o son interrumpidas. La máquina se presenta como las piezas de un rompecabezas que se fuerza para crear una imagen nueva y parcial:

> We live today in the age of partial objects, bricks that have been shattered to bits, and leftovers [...] We no longer believe in a primordial totality that once existed, or in a final totality that awaits us as some future date. We no longer believe in the dell gray outlines of a dreary, colorless dialectic of evolution, aimed at forming a harmonious whole out of heterogeneous bits by rounding off their rough edges. We believe only in totalities that are peripheral. (*Anti-Oedipus* 42)

En este estudio, a esta máquina que puede examinarse en la serie de novelas que se han denominado narrativa del dictador en la historiografía de la novela hispanoamericana, se le llamará máquina dictatorial y se calificará, dentro del orden de las ideas, como un concepto, con el fin de distinguirlo de una idea más general, la idea del déspota, o como Deleuze y Guattari la han denominado, la máquina despótica.

¿Qué motiva la separación de estas dos máquinas? Esta separación reside en la jerarquía de las ideas en el horizonte de la repetición, pues como se afirmó más arriba, este libro tiene por objeto examinar precisamente este asunto, la repetición de la figura del dictador como personaje, no tanto en relación al pasado de la serie de repeticiones, sino con miras a predecir el rumbo de las ocurrencias. En la jerarquía de las ideas, éstas no poseen actualidad, son virtualidad pura, y solo se actualizan por medio de divisiones y determinaciones entre las especies, cualificación y extensión, es decir, por medio de la diferenciación (Deleuze, *Difference* 279). El concepto se define como el acomodamiento de una idea a una actualidad determinada o como la entidad que le permite a la idea distribuirse en lo múltiple. En este caso, la generalidad de la idea se corresponde con la máquina despótica que como idea surge de lo explicitado por Marx en su *Grundrisse* y por Deleuze y Guattari en el *Anti-Edipo*. Esta imagen, conformada a la facticidad de la narrativa en Hispanoamérica, da pie al surgimiento de la máquina dictatorial. Para explicarlo en la terminología de *Anti-Edipo*, la máquina dictatorial sería un corte realizado en el flujo de la máquina despótica con el objeto de ensamblar una nueva máquina a partir del condicionamiento de su continuidad en un contexto particular, desde una óptica particular y considerando un aspecto puntual, precisamente la narrativa del dictador en Hispanoamérica.

¿Cómo describir la máquina despótica? Marx llama a las formas primitivas de propiedad de la tierra "presuposiciones divinas" que no aparecen como resultado del trabajo, sino que se interpretan como si hubieran sido dadas de antemano, como si las razones que justificaran la tenencia de la tierra preexistieran a los sujetos que en última instancia forman el clan. La comunidad aparece como "the substance of which the individuals are mere accidents, or of which they form purely natural component parts" (*Outlines* 474). Marx explica que la primera forma de propiedad de la tierra, la forma comunal, no apareció como resultado de la emergencia de un clan sino al contrario: fue la propiedad común la que presupuso la emergencia del clan como una forma de apropiación común de la tierra. La naturaleza se convirtió en un gran taller en el cual el trabajo se manifestaba como una forma de posesión de la tierra, pero no como la presuposición que fundamentaba su posesión. La estipulación mandada por ley de enviar el *surplus* a una comunidad situada por encima de los pequeños clanes que poseían la tierra en común, implicó la aparición de una figura de orden superior que fungía como el único poseedor de la tierra, como la unidad comprensiva de una unión ubicada en un plano superior a la suma de todos los clanes. El tributo, utilizado por esta comunidad para la guerra, la religión o los gastos comunes como la creación de sistemas de acueducto o vías de comunicación, fue visto como una manifestación de un poder particular, que se corporeizó en la figura del déspota y se impuso como presuposición divina. "The communal conditions of real appropriation through labour, *aqueducts*, very important among the Asiatic peoples; means of communication etc. then appear as the work of the higher unity–of the despotic regime hovering over the little communes" (474).

La máquina dictatorial

Si bien para Marx la aparición del déspota obedece a una lógica secuencial histórica, por momentos se refiere a la evolución de este sistema en otros lugares geográficos y otras coyunturas históricas, vinculándolo, por ejemplo, a la aparición de la servitud en la Edad Media –un ejemplo más de repetición–. Deleuze hace de esta extrahistoricidad un punto central para la formulación de su máquina en cuanto el déspota, aunque posee una circunstancialidad histórica ligada a la aparición del primer Estado o *Urstaat*, tiene la capacidad de aparecer de forma sincrónica en la diacronía de la historia, particularmente en la suprema diacronía característica del capitalismo tardío, reactualizando así la imagen nietzscheana del déspota que surge cuando menos se piensa, como un rayo (*Anti-Oedipus* 223). Fue el déspota en el origen de la civilización quien creó la escritura y con ella la burocracia, la máquina despótica por excelencia. "Legislation, bureaucracy, accounting, the collection of taxes, the State monopoly, imperial justice, the functionaries' activity, historiography: everything is written in the despot's procession" (202). El déspota eliminó la horizontalidad que caracterizaba la máquina territorial, fundamentada en relaciones de deudas y la posibilidad de extender el clan familiar en el campo de lo social a través de alianzas por medio de promesas de matrimonio (169). La máquina despótica no afirmó su poder a través de coaliciones por vínculo matrimonial, sino que lo estableció de forma vertical jerárquica, haciendo de la filiación la maquinaria exclusiva de la administración burocrática y reservando la unión y las alianzas para el campo económico y político (146).

El déspota se presenta como un paranoico que invierte deseo en lo social, eliminando toda filiación con el pasado, comenzando siempre de cero, borrando las alianzas previas que le dieron origen a su poder, eliminando la filiación que lo llevó hasta su presente estado de déspota, cortando el flujo que lo vincula con los imperios precedentes, desterritorializando lo que ya estaba territorializado, es decir, eliminando los códigos antiguos e imponiendo unos nuevos. Es el déspota quien rompe las relaciones genéticas entre un movimiento y otro (*Anti-Oedipus* 223).

Julio Quintero

> It is this force of projection that defines paranoia, this strength to start again from zero, to objectify a complete transformation: the subject leaps outside the intersections of alliance-filiation, installs himself at the limit, at the horizon, in the desert, the subject of a deterritorialized knowledge that links him directly to God and connects him to people. (*Anti-Oedipus* 194)

Las deudas entre los clanes se anulan pero surge la gran deuda: "There is always a monotheism on the horizon of despotism: the debt becomes a debt of existence, a debt of the existence of the subject themselves" (197).

El déspota crea una nueva máquina que desplaza las alianzas anteriores. Los castigos que se aplicaban en el sistema judicial de los clanes dependían del poder de sus negociadores; con la llegada del déspota, se compartimentan en el aparato estatal. "A concerted destruction of all the primitive codings, or worse yet, the derisory preservation, their reduction to the condition of secondary parts in the new machine, and the new apparatus of repression" (192). La ley surge demasiado tarde para impedir sus desmanes, solo en el momento en que el Estado debe auto-representarse como Estado soberano, como "an apparent peacemaker between classes" (212). Pero en este intento, no puede codificar relaciones ya codificadas, y el déspota termina sirviendo a las clases superiores.

> The State can no longer be content to overcode territorial elements that are already coded, it must invent specific codes for flows that are increasingly deterritorialized, which means: putting despotism in the service of new class relations; integrating the relations of wealth and poverty, of commodity and labor; reconciling market money and money from revenues; everywhere stamping the mark of the Urstaat in the new state of things. (218)

La máquina dictatorial, en su vertiente histórica, depende de la máquina despótica. Ella también apareció en la génesis del Estado en Hispanoamérica, primero como un sistema de uniones horizontales por vínculos maritales, luego como una procesión despótica. Revisar la bibliografía fundacional sobre el caudillo es presenciar la puesta en marcha de una serie de flujos y repeticiones que coincide con la descripción ofrecida por Marx y por Deleuze y Guattari. Las similitudes son tan claras que un crítico como François Chevalier, por citar solo un caso, no se detiene en la formulación de semejanzas, vinculando el agrupamiento alrededor de un clan familiar con la delegación del poder de la Corona en manos de particulares, es decir, el surgimiento del caudillo en Hispanoamérica como una repetición del sistema de *gens* y *clientes* en Roma, y la presencia de familiares en las cortes medievales y más particularmente en Castilla como un sistema que se repitió en el nombramiento de validos y recomendados en los ejércitos de conquistadores como funcionarios públicos en las ciudades recién fundadas. Una y otra vez repetición: "certain proprietors reigned on their estates somewhat in the manner of lords and seigneurs of an ancient time, at least before the reforms of the eighteen century" (*Anti-Oedipus* 39). "Mexican economist Germán Parra sees in certain Latin American dictatorships a state of social development comparable to that which the emergence of absolute monarchy in Europe represents" (Chevalier 48). Y luego de la independencia, la repetición continua de cadenas de nombres: Facundo, Rosas, Páez, Monagas, Zaraza, Díaz, Obregón, todos repitiéndose unos a otros, asemejados unos a otros, variantes de una misma paranoia (40).

Retratada a partir de los textos que comienzan con *Facundo*, la máquina dictatorial está hecha de partes que la particularizan y diferencian: el cuerpo mestizo del dictador, su mano poderosa, los mitos que se conjugan en su figura. Otros le otorgan características similares: un mecanismo de burocracia y escritura, la policía secreta y el archivo policial, la desterritorialización con una mano que sigue a una pronta reterritorialización con la otra, su intempestiva aparición que aunque efectúa cortes sincrónicos, atestigua la estabilidad de la diacronía capitalista. Su puesta al servicio de las nuevas relaciones de clase y de acumulación del poder. Su distribución jerárquica y su sistema de alianzas políticas y económicas. No obstante, si bien se ha definido a la representación del dictador en la narrativa como a una máquina provista de partes, con la capacidad de establecer flujos, crear nuevas partes y añadirlas en su propio cuerpo, ¿cuál es la causa de su repetición? ¿Se explica la repetición solo en virtud de semejanzas históricas? ¿Qué características tendría una futura ocurrencia en la serie de repeticiones una vez se estropee la máquina dictatorial?

La doble naturaleza de la repetición

Habría que citar una vez más a Deleuze y a la crítica que realiza en torno a la extensa tradición filosófica centrada en la repetición, a partir de dos momentos. Primero, en el exorcismo que practica de la negatividad que se le asocia y, en segundo lugar, en la determinación de su doble naturaleza. Para Deleuze la repetición ha estado ligada a una negatividad constitutiva. Solo hay repetición si "a negative force (whether limitation or opposition) prevents the concept from being further specified or differentiated in relation to the multiplicity that it subsumes" (285). Si el concepto, como una forma de distribución de la idea, es limitado en su dinámica de especificación, retorna. Es por ello que el lenguaje repite. La naturaleza repite porque la materia no tiene interioridad. El inconsciente repite porque el *ego* reprime, porque no tiene memoria, porque no se reconoce y no es consciente de sí mismo. No es por ello descabellado afirmar que, como se ha dicho en la sección precedente, la máquina dictatorial se repite en la novela hispanoamericana porque el flujo con el cual conecta a los ciudadanos como partes transporta represión y violencia, porque la mayoría de edad del ciudadano no se ha particularizado en sus múltiples manifestaciones, o porque al padre algo se le pasó por alto, lo que implica su regreso en forma de deuda.

A pesar de los requerimientos que exige el concepto para establecerse en la multiplicidad a la cual se dirige, Deleuze cree que el exceso que proviene de la Idea es aquello que justifica la repetición. "It is always the excess of the Idea which constitutes the superior positivity that arrests the concept or overturns the requirements of representation" (289). La máquina dictatorial se repite en las novelas no solo por causa del deseo reprimido, una modernidad aplazada o una mayoría de edad nunca alcanzada, sino también gracias al exceso que deviene de la idea de máquina despótica y del concepto que se le une, la máquina dictatorial, la cual desordena los requerimientos de la representación, es decir, la necesidad de que la representación sea copia exacta de la realidad. Estos requerimientos, expuestos por Platón en *El Sofista*, implican la necesidad de una vuelta a lo Mismo y la seguridad que ofrece la reproducción exacta. "Copiar es reproducir las proporciones del modelo en longitud, latitud y profundidad, y además añadir a cada rasgo del dibujo los colores convenientes de tal manera, que la imitación sea perfecta" (Platón 65). Esta distinción, al final de cuentas, pone en evidencia la naturaleza dual de la repetición. Primero, como repetición de lo Mismo, pero también, en segundo lugar, como repetición fantasmal, de aquello que en palabras de Platón "se parece, sin parecerse realmente", es decir, del simulacro, la traducción latina del fantasma griego. Se repite por tanto dos veces: se repite en lo Mismo, pero también se repite en el simulacro. La diferencia entre ambas es, como anota Deleuze, más moral que metafísica: "the will to eliminate simulacra or phantasms has no motivation apart from the moral. What is condemned in the figure of simulacra is the state of free, oceanic differences, of nomadic distributions and crowned anarchy, along with all the malice which challenges both the notion of the model and that of the copy" (265).

La repetición no es resultado de una simple similitud entre casos. La repetición comporta el rescate de un evento, por naturaleza indeterminado, y una primera repetición bajo los parámetros de la representación del tipo "una vez por todas", que por su semejanza cancela la probabilidad de una futura repetición de otra manera. Se trata de una representación bien fundamentada. Aquella que no está bien fundamentada, se rechaza. "As for the rebellious images which lack resemblance [simulacra], these are eliminated, rejected and denounced as ungrounded, false claimants" (272). Deleuze no solo ordena las cadenas de repeticiones en relación a una nomenclatura metafísica que depende a su vez de la moralidad. Deleuze ordena las repeticiones en función de los *a priori*, determinando tres tipos, que a su vez pueden o no presuponer la existencia de una cesura o evento que determine su organización *a priori*. Existe la repetición del antes, del durante y del después (296). Esto, a su vez, conjetura lo indicado por Marx en *El Dieciocho Brumario de Luis Bonaparte*, la idea de que la historia es un teatro, donde las repeticiones históricas se presentan como tragedia, cuando el héroe es causa de evolución, o como comedia, cuando la repetición ocasiona una involución (Deleuze 91). Por naturaleza, la repetición se define como copia o como simulacro, pero en cuanto ordenamiento de una serie, su definición es triple, orbitando en torno al antes, el durante y el después.

Este doble significado de la repetición lleva a Deleuze a afirmar que ni la primera repetición ni la segunda al final cuentan. El hecho de que el Nuevo Testamento sea una repetición del Antiguo, que a su vez es un ícono de la alianza –una copia bien fundamentada en el sentido platónico– no define en última instancia la serie de repeticiones y el sentido real del Antiguo, el Nuevo Testamento o la alianza. El tercer Testamento que llegará en un futuro decidirá el rumbo de la serie, si como tragedia, o como comedia, y aquel que, en virtud de la diferencia, establecerá cuál es el sentido de las ocurrencias previas (296). Hablando sobre la serie de repeticiones, afirma Deleuze que "[t]he first is necessarily by default, and as though closed upon itself; the second is open and witness to a heroic metamorphosis; but the most important one and mysterious lies in the third, which plays the role of 'signified' in relation to the other two" (93).

Se repite en realidad dos veces. Una vez lo Mismo como representación icónica, y una vez como copia o simulacro. Repite una vez la síntesis de los sentidos de forma material y repite otra vez la memoria. La primera repetición incluye aquello que permanece del evento y que sirvió como fundamento; la segunda repetición comporta enmascaramiento y desplazamiento. La primera repetición es horizontal y se ubica en el plano de la metonimia, la segunda toma forma en la verticalidad de la metáfora. La primera repetición es mecánica, la segunda secreta a la primera y se ubica debajo de ella, supurando diferencia. Los poderes de la representación incluyen desplazamiento y disfraz, así como la diferencia incluye la divergencia y el descentramiento, pero para la Idea, la diferencia y la repetición son el mismo problema (Deleuze 288-89). Por ello, la repetición de las partes consiste en la repetición de un todo disfrazado y revestido como si se tratara solo de una parte. "We repeat twice simultaneously, but not the same repetition: once mechanically and materially in breath, and once symbolically and by means of simulacra in depth" (290).

¿Cuál es el contenido de la tercera repetición, la que decide el sentido del evento y de las repeticiones que le siguen? "It is a question of simulacra and simulacra alone," responde Deleuze (299). "Simulacra are those systems in which different relates to different by means of difference itself

La máquina dictatorial

[…] What is displaced and disguised in the series cannot and must not be identified, but exists and acts as the differentiator of difference" (299-300). Todo evento es indiferenciado y solo se distingue por el fundamento que otorga la representación como copia. Pero cuando las formas se reflejan en el evento, que por ser un evento aún sin representación es una infundamentación indeterminada, se descomponen y los modelos que aspiran a reproducir el evento se disuelven.

> Conversely, when they [las formas] are reflected in it, forms decompose, every model breaks down and all faces perish, leaving only the abstract line as the determination absolutely adequate to the indeterminate, just as the flash of lightening is equal to the night, acid equal to the base, and distinction adequate to obscurity as a whole: monstrosity. (A determination which is not opposed to the indeterminate and does not limit it). (Deleuze 275)

La primera y la segunda repetición pertenecen el mundo de la representación, la copia y lo apolíneo. Son las repeticiones del antes, efectuada por el retorno al Mismo, el error o la ignorancia, y del durante, desplegada por la voluntad de ser lo mismo o igual (296). En ambos casos, las cadenas de significación aún mantienen similitud semántica. La tercera repetición augura el advenimiento de lo dionisíaco, de los elementos que deambulan embriagados en las cadenas, variando de forma inusual, irracional e inesperada (280).

Repetición y máquina dictatorial

Luego de la independencia tuvo lugar "el evento singular" en Hispanoamérica, signado por una figura que surgió de pronto, como un rayo. El caudillo cortó los flujos preexistentes, desterritorializó las alianzas previas y territorializó con una nueva axiomática que remplazó los códigos anteriores —las alianzas entre clanes formados por terratenientes—. A ese hecho le siguió una primera representación, el trágico ícono del *Facundo* (1845). La modernización de los Estados trajo consigo el surgimiento de la máquina dictatorial, presuponiendo el poder compartimentado del Estado para ejercer un proceso de desterritorialización y codificación. Una nueva paranoia y un empezar de cero, una renovada suspensión de las alianzas y la jerarquía anterior. Estrada Cabrera en Guatemala, deshaciendo los lazos que lo unían a la reforma conservadora que quería repetir –con el Rafael Carrera que le hubiera gustado ser– y la revolución liberal que terminó prolongando. Juan Vicente Gómez y sus casi treinta años de control directo de Venezuela, de su celo de nuevo fundador, de gran aglutinador, de caudillo de caudillos, de nuevo Simón Bolívar. Una nueva representación, una nueva repetición de ese caudillo ahora convertido en máquina dictatorial, el *Judas Capitolino* (1912) de Rufino Blanco Fombona y *El Señor Presidente*, escrito por Miguel Ángel Asturias un poco menos de tres décadas antes de su publicación en 1946. Segunda repetición, ahora trocada en comedia. El teatro de la historia de la novela hispanoamericana se explaya en una diacronía de representaciones icónicas cautelosas de mantener la semejanza y la proporción. Una estela que se despliega, ante todo, como copia. A pesar de la complicación del signo y el uso continuo de recursos vanguardistas y la anacronía como forma de construcción (o destrucción) de lo temporal, los elementos y los recursos son copias del evento primero, y de la primera repetición trágica, pero en clave cómica. Sin embargo, en su involución, la narrativa hispanoamericana avanza. Las dos repeticiones, enfrentadas una a la otra, resumen diferencia, pero las aguas quietas de la infundamentación que ofrece el evento primero como pura incertidumbre, aún reflejan uniformidad en los elementos que configuran las cadenas de significaciones. El dictador marcha como caudillo-dictator, ese ser "lacertoso, ventrudo, carrilludo", y en procesión le siguen el quepis, el secretario, el archivo, las cartas, el palacio, las potencias extranjeras, las charreteras, el uniforme, la mano enguantada, las amantes, la madre pobre, la policía secreta, el auto, la bomba, la prisión, el general, la candela y la noche. El "micro-boom" de la novela del dictador, para usar el término acuñado por Carlos Pacheco –que entre abril de 1974 y marzo de 1975 congregó de forma simultánea bajo un mismo tema los nombres de Mario Vargas Llosa, Alejo Carpentier, Augusto Roa Bastos, Gabriel García Márquez y Ernesto Sábato– mantuvo, quizás a su pesar, la correspondencia apolínea del evento con su representación, y con la repetición, por fuerza y voluntad propia, de lo Mismo.

Pero en los primeros años de la década de los ochenta, la máquina dictatorial dio los primeros signos de avería y desajuste. La máquina humeante en el desierto, prefigurada por Deleuze, para esta fecha se anunciaba con ruidos alarmantes como golpes de listones en un barril y fulgores que chispeaban borboteando desde sus entrañas. Varias piezas de la máquina se acercaban a su fecha de vencimiento, al límite de su máxima vida útil. Tanto para Ángel Rama, como para Roberto González Echevarría y Carlos Pacheco, el micro-boom de la novela del dictador y una publicación anterior, *Conversación en la catedral* (1969) de Mario Vargas Llosa, fueron un punto de arribo, o como lo dijo Pacheco, "la cúpula de un iceberg" (*Narrativa* 9). Al trazar la genealogía del micro-boom, González Echevarría rastreaba sus inicios en los orígenes de la literatura latinoamericana incluyendo las descripciones que Bernal Díaz del Castillo y Francisco López de Gomara legaron sobre Hernán Cortés ("The Dictatorship of Rhetoric" 206). Carlos Pacheco se preguntaba si debía o no incluir la carta de Lope de Aguirre (36).

Esta periodización organicista que emulaba las etapas de la vida del ser humano abarcaba el nacimiento, representado en las Crónicas de Conquista y la carta de Lope de Aguirre; la infancia, donde se acomodarían *Facundo* (1845), *Amalia* (1851) de José Mármol y *El matadero* (1839/1871) de Esteban Echeverría; la juventud, que comprendería las obras publicadas desde *La sangre* (1914) hasta *El reino de este mundo* (1949); y por último la madurez, que incluiría las novelas mencionadas arriba como parte del comentado micro-boom de 1974. Este último episodio fue considerado como punto culmen, imponiéndole así a la máquina dictatorial una fecha de caducidad a cumplirse a la mayor brevedad, pues, ¿qué sigue luego de la madurez? ¿El merecido retiro? Pero, ¿se contentó la máquina dictatorial con una muerte por decreto?

La máquina dictatorial simplemente añadió otras partes y otras máquinas. A los elementos anteriores, a las partes que poseía, les conectó, para garantizar que su flujo no dejara de cesar, nuevas piezas. La máquina dictatorial deterritorializó los códigos previos manifestados en su sorpresiva llegada al poder con su desfile de tanques, tropas de infantería y aviones de combate, y los territorializó con los axiomas de la suprema deuda: *Yo soy el padre y constructor y vengo a reclamar la patria que engendré, crie y edifiqué.* Si ya había adherido a su guerrera el título de padre, añadió uno más, el de *padre asesinado cobardemente que regresa a reclamar lo que es suyo*. Se trata del espectro que regresa desde la deuda que él mismo produce. Porque es la deuda finalmente la producción característica del espectro, y no al contrario. Y con ello, añadió formas intoxicadas: el fantasma que acecha en la noche, el brujo y el vampiro, la invasión exterior, la revolución caudillesca.

El dictador regresa entonces como un fantasma. Pero esta definición de fantasma es doble. Antes que regresar como un fantasma, el dictador regresa como fantasma, es decir, como simulacro. La crítica literaria surgida a inicios de los ochenta se convierte en una cesura, entendiendo por este concepto lo afirmado por Hölderlin, esto es, como un evento que transforma el ordenamiento de los *a priori* de modo que no se enfila como antes, durante y después, sino que no puede dejar de ser antes, cesura, después –el viaje de Antígona o el hiato de Zaratustra antes de comprender la noción del eterno retorno (Deleuze 92)–. Esta cesura inaugura un modo de regreso que no es el de la copia, porque su representación ha sido agotada –su fecha de vencimiento se ha cumplido–. Sin embargo, el exceso de la idea de máquina no puede dejar de manifestarse en la realidad, así las condiciones que posibilitan su representación como copia no estén presentes, lo que no deja otro camino más que su regreso como simulacro.

Este libro es pues un libro sobre lecturas de simulacros, sobre las formas en las que la novela del dictador, la máquina dictatorial, regresa, no como repetición de lo Mismo, sino como repetición de la diferencia. Son textos ubicados después de 1976, esa fecha límite que marca la expiración de la máquina dictatorial y la obliga a regresar, no con el cuerpo ventrudo del dictador, su secretario, y su quepis, sino con otro ropaje, con un disfraz. Estas novelas se presentan como narrativas que nada tienen que ver con la máquina dictatorial, como si efectuaran ellas mismas una desterritorialización con respecto a un pasado que no les incumbe. Sin embargo, se detienen en el retorno de varias de las partes constitutivas de la máquina dictatorial, como la burocracia estatal, la policía secreta, la revolución como momento oportuno para tomar

La máquina dictatorial

el poder y la determinación de razas y géneros que se origina mucho antes, en el cuerpo sin órganos: "The first things to be distributed in the body without organs are races, cultures, and their gods" (Deleuze 85). Parafraseando a Deleuze, la repetición que estos textos manifiestan al exterior es como la piel de una culebra que se abandona para mostrar la verdadera repetición, es decir, la máquina dictatorial (76). En ocasiones, la repetición incluye figuras monstruosas que no han terminado de ascender desde el fondo de la indeterminación y por ello, aunque traen consigo la silueta del dictador, en lugar de retrotraer un elemento conocido, se apropian de otro desconocido y forastero.

Casi al mismo tiempo, la máquina dictatorial elige al fantasma, entendido como espectro y como el productor de deudas, como una vía de retorno. Al repetir las partes, estas novelas que aquí se estudiarán no hacen sino repetir el todo del cual ellas dependen: "We repeat twice simultaneously, but not the same repetition: once mechanically and materially in breath, and once symbolically and by means of simulacra in depth; first we repeat the parts, then we repeat the whole on which the parts depend" (Deleuze 290). Cuando el simulacro elige la representación del Estado como una familia al borde de su agotamiento –del incesto– no solo repite la imagen del Estado como familia, sino también del déspota que surge como una infusión de sangre nueva dentro de la precariedad de esa familia. Los simulacros solo pueden comprenderse como apéndices de obras anteriores en las cuales el dictador tiene una presencia medular. La tercera repetición establece el sentido de la primera y la segunda repetición. En última instancia, es por ello que sabemos que *Facundo* es tragedia, y el *Señor Presidente* es comedia. Pero la tercera repetición solo puede descubrirse como repetición de un evento si se contrasta con una ocurrencia previa.

Los capítulos

Este libro considera tres partes de la máquina dictatorial, o tres máquinas que producen un flujo que se interrumpe para unirse de nuevo a la máquina dictatorial. En primer lugar, como máquina de vigilancia y control —la policía secreta y el archivo policial—; en segunda medida, como burocracia estatal, y en tercer lugar, una como máquina hecha de partes heterogéneas que sobreescribe nuevos códigos sobre los existentes, cancelando las exclusiones para convertirse en un todo homogéneo. Esa máquina regresa y lo hace añadiendo nuevas máquinas que le permiten reanudar su producción de flujos.

En Guatemala existen novelas que recurren a la familia como línea unificadora que permite revisar lo acontecido durante los gobiernos de la campaña anticomunista, entre ellas *Cascabel* (1998) de Arturo Arias, *Caballeriza* (2006) de Rodrigo Rey Rosa, *Una familia honorable* (2008) de Rafael Cuevas Molina y *Demasiados secretos* (2009) de Anabella Giracca. En estas obras, las relaciones de sangre han sido remplazadas por un "saber hacer" dentro de los círculos del poder estatal y, como resultado, la represión y exclusión política se dirige hacia los miembros del círculo familiar. Son novelas que renuncian a la figura del caudillo y el dictador, o que al nombrarlo interrumpen el flujo de su descripción, o en las que emergen formas difusas que guardan semejanzas con él, y que por ello son susceptibles de ser leídas como simulacros.

Sin embargo, para el primer capítulo, pareció más conveniente escoger una novela cuya estructura no coincidiera con la familia y que se abriera a otras líneas de significado. Por ello se escogió *El material humano* (2007) de Rodrigo Rey Rosa, cuya dependencia con la novela del dictador no está cifrada por las relaciones domésticas, sino que retorna a él gracias al descubrimiento por accidente del Archivo de la Policía Nacional en 2005 en Ciudad de Guatemala, repitiendo así una de sus partes, la policía secreta y el archivo policial —por ello guarda similitudes con *Insensatez* (2005) de Horacio Castellanos, que por motivos de espacio debió ser dejada fuera del análisis—. Por la inclusión de los partes en el archivo encontrado por azar, *El material humano* se convierte en un simulacro de una novela previa, *El Señor Presidente* (1946) de Miguel Ángel Asturias, en la cual también el archivo se había incorporado bajo la forma de partes e informes policiales. Para el análisis de la obra se echó mano de conceptos foucaultianos como la ley monárquica, panopticismo y otros similares

La máquina dictatorial

como la banda de Möbius y el estado de excepción de Giorgio Agamben, al igual que el *daydream* de Ernst Bloch.

El caso colombiano presenta varias novelas en las que destaca la presencia de personajes y dinámicas que se ofrecen como fantasmagorías de la novela de la dictadura. Este es el caso de *Plutón* (2000) de Evelio José Rosero, en la cual el jefe de la oficina en la que el protagonista trabaja como fotógrafo se convierte en el supremo regidor de los destinos del país, a la manera de los dictadores de la novela popularizada a mediados de la década de 1970 –un exagerado apetito sexual que requiere citas clandestinas con menores de edad (como el Patriarca) y modelos de televisión, desmitificado a su vez por su impotencia sexual–. Este sería también el caso de *Angosta* (2004) de Héctor Abad Faciolince, donde el poder es ejercido por un grupo de familias con autoridad para definir los límites entre la vida y la muerte, utilizando para ello la infraestructura construida por el Estado –un Estado al servicio de la actividad económica en manos privadas que no hace distinción alguna entre lo legal y lo ilegal–.

A pesar de lo anterior, se eligió una novela previa, *Los felinos del canciller* (1986) de R.H. Moreno Durán, en cuanto presenta una sucesión de cortes sincrónicos que se proyectan en el contexto histórico del narrador. A la vez, la obra incluye un texto de carácter utópico, un libro de emblemas publicado en 1640 destinado a guiar al príncipe en el manejo de los asuntos de Estado. Para su análisis se utilizó la idea de simulacro, espectáculo y tragedia de Louis Marin. En cuanto *Los felinos del canciller* advierte los riesgos de la replicación jerárquica de la autoridad como síntoma de agotamiento y el peligro inherente de la irrupción del dictador, el análisis se centra en los conceptos de máquina territorial y despótica, y sus mecanismos de reproducción a través de alianzas y filiaciones. En tanto simulacro de obras como *El gran Burundún Burundá ha muerto* (1952) de Jorge Zalamea y *El otoño del patriarca* (1974) de Gabriel García Márquez, la novela de Moreno Durán se ubica, en relación a la aparición de la máquina dictatorial, en un perpetuo antes.

El tercer y último capítulo se divide a su vez en dos secciones. En la primera se describe el ensamble de la máquina dictatorial a través de partes objetivadas de otros sistemas que se conectan de nuevo bajo la apariencia de un todo armónico y unificado. Se trata de un Juan Vicente Gómez situado en el horizonte de lo posthumano como constructo artificial de fragmentos independientes. A pesar de las grietas y desniveles que se observan en la representación fantasmagórica de su cuerpo, éste se presenta con la homogencidad del padre bueno y providente, exitoso en los negocios, símil de la arcadia agraria extraviada en medio del maremágnum de la modernización que él mismo inició. *Oficio de difuntos* (1976) de Arturo Uslar Pietri, una obra dejada al margen de la crítica literaria quizás por el eco hagiográfico que se adivina en sus páginas, se convierte en un excelente ejemplo de las contrariedades que sirven a la creación de la figura del dictador, tanto en relación al ser padre, como al hecho de ser brujo, enterrado, piache, otro, andino, mestizo, afro, colombiano, campesino, blanco. La pregunta por esta inusual caracterización en vísperas de la avería de la máquina dictatorial, revela la existencia de otra máquina, el culto a María Lionza, cuya producción se define como la entronización de lo femenino y la incorporación de individuos marginalizados en la que se confunde la anarquía sexual y la rebelión popular. La máquina dictatorial, en su peculiar arreglo, está construida como antídoto contra esa anarquía y está destinada por tanto a interrumpir el flujo producido por el culto a María Lionza para incorporarlo como un acople a su propio mecanismo.

La segunda sección funciona también como un nuevo acople, esta vez bajo la forma codificada del retorno de la deuda, el espectro del padre, en un momento central en la historia contemporánea de Venezuela: 1945. En primera instancia, se aparece ante los ojos de Diógenes Escalante, un político que sirvió en diferentes cargos durante el gomecismo y fue visto como la única opción en las elecciones celebradas en el año mencionado –antes de salir del mundo político venezolano al sufrir un colapso nervioso–. La visibilidad de este personaje en novelas, biografías, cuentos y obras de teatro ha sido amplia desde muy temprano en la década de los noventa. El capítulo, tendiendo un puente con la sin-razón de Escalante en *El pasajero de Truman* (2008), examina sus alucinaciones para descubrir la lógica del retorno de Juan Vicente Gómez.

La máquina dictatorial

La segunda forma de retorno del espectro, como padre agrario que corta los sueños del tirano ilustrado, tiene lugar en *Sumario* (2010) de Federico Vegas. En la obra, Gómez regresa representado en uno de sus caudillos opositores, Rafael Simón Urbina, que cobra la vida de Carlos Delgado Chalbaud. Aunque las obras que recrean el magnicidio son muchas y variadas, se eligió también *Los idus de noviembre* (1998) de Leonardo Altuve Carrillo, en su interés por privilegiar la idea de sacrificio. El capítulo demuestra que la figura del tirano introvertido y culto que es capaz de dar el golpe en el momento preciso para forjar los senderos de su propio destino y dominar su suerte, se convierte en personaje deseado y anhelado, es decir, en repetición de la máquina dictatorial.

Capítulo I

Moneda falsa:
El material humano de Rodrigo Rey Rosa

El material humano retoma un suceso de importancia singular en la historia de la Guatemala contemporánea. El cinco de julio de 2005 agentes de la Procuraduría de los Derechos Humanos encontraron, en un depósito olvidado de municiones en la capital, un archivo policial que contenía más de 75 millones de folios. Los registros, que datan desde 1892 y se extienden hasta el final de la década de los ochenta del siglo pasado, fueron legalizados a nombre de la Procuraduría de los Derechos Humanos a fin de protegerlos de instancias que pudieran sentirse intimidadas por su contenido –en particular de las Fuerzas Armadas y la policía–. Luego de siete años de limpieza, clasificación y digitalización de los documentos, una sección de los archivos fue puesta a disposición del público para su consulta en la red, mientras que en 2011 se publicó, en un informe titulado *Del silencio a la memoria*, un tomo dedicado a su revisión e interpretación. El volumen mencionado describe la extensión de una vigilancia que llegaba hasta los rincones más íntimos de la cotidianidad y que por momentos convirtió al archivo en un repositorio de la banalidad del día a día. Paul Jeffrey describe que "Much of the paperwork being recovered is the daily minutiae of bureaucracy: a register of when vehicles were checked in and out from the car pool, photos of bodies catalogued before burial, list of payments of informers" (6). Una trivialidad, de todos modos, ambigua, pues en última instancia revela el cuidadoso monitoreo de las actividades más privadas de la población. Velia Murales, una de las funcionarias, afirma sobre esta contradicción entre lo fútil y minucioso de los archivos que "And it's amazing to see the comprehensive control the police exercised. They have photos of demonstrations. Details of killings. Lists of who came to the funeral, and what they say to each other. Who showed up at the Mass of Eight Days. There was a complete control before, during, and after each political killing" (Jeffrey 6).

Lo anterior revela dos contradicciones. La primera versa sobre la inclusión de Guatemala en la modernidad, al menos si por ella se entiende la superación de las constricciones propias de un Estado anómico (Waldmann 11-3). El archivo y su deseo de consignar el más nimio de los detalles sobre instalaciones, procesados, sospechosos, condenados y la población en general, revela la apropiación de una tecnología moderna de observación, asentamiento por medio de la escritura y catalogación. Pero al mismo tiempo la existencia de este archivo, que por naturaleza implica el almacenamiento de información para ser utilizada en un futuro, se condena al olvido en un depósito abandonado, destruyendo así su propósito fundamental y revelando a su vez que algo o alguien se había marchado o que la información recopilada ya no poseía valor.

El hallazgo del Archivo de la Policía Nacional coincidió con fenómenos globales de orden similar –la apertura de los archivos policiales de los países de la Europa comunista y las revelaciones sobre las políticas de contención del terrorismo surgidas después de "Septiembre 11"–. A lo anterior se sumaron los avances tecnológicos, presagiados en 1986 por Jean Baudrillard como el auge de una tecnología *suave* de las comunicaciones ("the electronic tribalism of Silicon Valley" (48)), que pusieron en evidencia más que en ningún otro momento de la historia de occidente la posibilidad de establecer una red de observación que superara con creces lo que ahora parece una metáfora insuficiente y limitada: el panóptico de Bentham –la idea de una torre que permitiera a un conjunto de sujetos procedentes de diversos grupos sociales turnarse en la observación de un prisionero y de todos los prisioneros al mismo tiempo–. Nuevos planes más ambiciosos se pusieron en juego con el cambio de siglo. Estos se extendieron a la totalidad de la polis a través de cámaras de vigilancia y teléfonos que permiten determinar la posición de un individuo, y a ellos se añadió el develamiento de la intimidad por medio del monitoreo de preferencias bursátiles y privadas en internet, y la voluntad de los propios individuos de revelar sus datos personales en las redes sociales. El panóptico se hizo insuficiente, pues el Estado no se presenta como centro único de colección de la información. Lo que se conjetura es la factible coexistencia de un sistema rizomático de centros, de las más variadas naturalezas y con los más diversos intereses, que se disputan su prevalencia al momento de recopilar la información (Haggerty y Ericson 606-07).

Se trata, en última instancia, de las contradicciones de la sociedad moderna, que por un lado invita a los flujos de capital y los mercados financieros a moverse sin ningún tipo de coerción, pero al mismo tiempo desea el resurgimiento del Estado primigenio para limitar el movimiento de sus ciudadanos. Las sociedades modernas "recode with all their might, with world-wide dictatorship, local dictators, and an all-powerful police, while decoding –or allowing the decoding of– the fluent quantity of their capital and their populations" (Deleuze y Guattari, *Anti-Oedipus* 260). Las dos novelas que se estudian en esta sección seleccionan una parte de la máquina dictatorial, un mecanismo que se simboliza como "el brazo armado de la ley", esto es, la presencia reguladora de una policía todopoderosa y su producto, el archivo policial. Tanto *El Señor Presidente* como *El material humano* parecen coincidir en el valor central del panopticismo (en la vertiente teórica desarrollada por Michel Foucault) como sistema privilegiado de vigilancia y control social en la Guatemala del siglo veinte. Sin embargo, como se demostrará en este capítulo, la copia que *El material* efectúa del sistema policial retratado en la novela de Asturias resume diferencia. Y la diferencia central, al menos en cuanto compete a *El Señor Presidente*, ha pasado completamente desapercibida por la crítica literaria. Aunque la novela de Asturias pareciera darle importancia central a los partes e informes policiales –los cuales tampoco han sido examinados de forma extensa por la crítica– y con él al archivo, no es capaz de abandonar el cuerpo del dictador, al cual quiere desaparecer pero no cesa de resucitar. Por eso no deja de oscilar entre panopticismo y ley monárquica, la cual le sirve en última instancia de referencia para la representación del déspota.

En el caso de *El material humano*, la búsqueda por entender la significación del archivo implica una revisión del sistema que ha engendrado a la máquina territorial, circunscribiéndose de tal forma a un esquema de control social que en efecto refleja panopticismo, pero que una vez que fantasea con la escenificación de una novela monumental que lo sintetice tanto a él como al archivo, elige convertirse en simulacro de los modelos que dieron origen a la máquina dictatorial, impidiéndoles asumir sus rostros verdaderos. Lo que asciende desde el *Señor Presidente* hasta *El material* son entonces fragmentos del archivo y de los partes al Señor Presidente, risitas en el teléfono, espectros y un monstruo atrapado en un laberinto. Pero en el mismo instante en que abandona la monumentalidad característica de la ocurrencia previa en la serie de repeticiones de la máquina dictatorial, *El material* asume los rasgos de lo que Giorgio Agamben ha denominado una literatura que se ofrece como verdadero homenaje a las víctimas (*Remnants* 25).

Origen del archivo policial

Los estudios sobre vigilancia (*surveillance studies*), cuando los efectos de la Guerra Fría eran palpables en la política mundial, hacían de la policía secreta un instrumento privilegiado para analizar los medios concretos de consolidación del poder absoluto del Estado. La metáfora asociada a esta pulsión por vigilar, desarrollada por Michel Foucault en *Discipline and Punish*, se sintetizaba en el panóptico de Bentham y en la preeminencia de un órgano, el ojo, representado como un centro perfecto a cuya mirada ningún movimiento, por discreto que fuera, escapaba (173). Pero la evolución de este sistema supuso su imposición sobre dos formas de comprensión de la justicia que casi alcanzaron a convivir simultáneamente a finales del siglo dieciocho en Europa.

La ley monárquica, la cual asimilaba la ley natural y positiva con el cuerpo del príncipe, consideraba el castigo físico del condenado como suprema venganza del rey, lo que a su vez hacía del cadalso un escenario en el que se restauraba el equilibrio perdido por la comisión del delito, pues todo crimen cometido era *crimen majestatis* (Foucault, *Discipline* 53). La tortura era producto de una lógica que dependía de una correspondencia teatral para la cual el cuerpo del condenado debía marcarse de forma que la pena reflejara el delito –no se trataba de un sistema en exasperación, como lo pueden ser los regímenes de vigilancia modernos y su aplicación del castigo corporal (44-6)–. Con la llegada de la Revolución, sucumbió

La máquina dictatorial

la idea de que el criminal atentaba contra el príncipe como fundamento y origen de toda ley. Si bien se remplazó al segundo con el contrato social, eliminando el castigo corporal, se conservó la reciprocidad entre crimen y castigo, y la exposición pública del condenado, quien ahora hacía visible sus delitos en el cuerpo o sus ropas por medio de íconos o mensajes (113). Aun así, a pesar de la doctrina que señalaba que a cada crimen se le debía oponer un castigo que le estuviera relacionado, triunfó un tercer sistema de origen inglés y holandés, que se impondrá años después en Europa gracias al *Code* de Napoléon para luego extenderse a Norte y Sur América, la encarcelación, una nueva economía del castigo capaz de abarcar con mayor efectividad y de forma más económica el campo social, fomentando la estandarización y homogeneización de su aplicación, y más seguro a la hora de reducir "its economic and political cost by increasing its effectiveness and by multiplying its circuits." (89). La cárcel triunfó y con ella la reforma personal del reo, en cuanto la celda funcionaba a la manera del cuarto privado del monje, prevenía futuros delitos gracias a que el cuerpo era prenda de garantía, permitía la generación de saber sobre el crimen y el castigo en general y sobre cada uno de los condenados en particular, y eliminaba las explosiones de solidaridad con el reo que surgían en ocasiones durante la exposición pública de la pena (128).

En contraposición con el poder majestuoso del soberano, la autoridad que la cárcel impone es modesta y basada en la sospecha —en la ventana siempre susceptible de ser abierta–. No se trata de la exposición grandilocuente del condenado en el cadalso, sino de la inversión (*investment*) permanente de una observación que busca imprimir autocontrol y disciplina con el objeto de convertir al reo en un cuerpo dócil y acelerar su reforma personal (*Discipline* 170). El cuerpo del reo y posteriormente, una vez el modelo de observación constante y sutil se exporte a la fábrica para prevenir el derroche de mano de obra y materiales, el cuerpo del trabajador, se convertirán en entes visibles, objetos de un poder indiscreto capaz de observar en cualquier momento, aunque discreto al mismo tiempo, en cuanto no se sabe cuándo y en qué dirección lo hará (176). Para el panopticismo, el espectáculo no envuelve al castigo como una vestimenta exterior. El castigo gira hacia lo puntual e insignifcante, a la ejecución de un mismo ejercicio que se repite hasta que el sujeto alcance el nivel esperado, es decir, el nivel normal, el cual se comprueba por medio del examen (184). "The procedures of examination were accompanied at the same time by a system of intense registration and a documentary accumulation" (189).

Aparece entonces el "archivo" como una forma de estudio del individuo –registro, examen, escritura, en última instancia, poder sobre los cuerpos y la capacidad de asentar cada gesto y cada rasgo para interpretarlo más tarde mediante un examen–. No se es un individuo; se es un *caso* (*Discipline* 191). Las únicas biografías que se escriben no son las de los hombres célebres. La policía y el aparato estatal, surgidos desde las entrañas de la ley monárquica y transformados en aparato de observación y recopilación de información, se convierten en los autores de la biografía de cualquier persona, independientemente de la calidad de sus obras. "It is no longer a monument for future memory, but a document for possible use" (191). La policía no obedece las temidas *lettres de cachet* por las cuales se aprehendía a los rebeldes políticos (214), pues nada escapa a la atención de la policía y su tecnología de observación constante y moderada: "the pomp of sovereignty, the necessarily spectacular manifestations of power, were extinguished one by one in the daily exercise of surveillance" (217). Fragmentos de ese archivo, bajo el nombre de *partes*, se ubican en una posición central en *El Señor Presidente*. ¿Cuál es su real naturaleza? ¿Obedecen a la lógica del archivo y el panopticismo o son síntoma de la preeminencia del dictador sobre el cuerpo de los ciudadanos?

Una máquina de vigilancia: *El Señor Presidente*

A pesar del mucho hincapié que la crítica ha hecho en relación a la presencia de elementos míticos en *El Señor Presidente*, la aparente convivencia de esos mismos elementos con rasgos modernos dentro de la obra, especialmente con rasgos panopticistas, ha pasado desapercibida. Tanto lo mítico como lo no-ficcional hacen de Asturias, como la crítica lo ha afirmado, precursor de un movimiento que renueva la literatura hispanoamericana en su estructura y lenguaje (Rodríguez, *La problemática* 24). La proliferación de repeticiones y aliteraciones; el particular arreglo temporal de la obra en días y luego en la indeterminación de un futuro innombrado y desconocido; la incorporación de personajes míticos que le prestan un fondo alegórico a las acciones y actores de la obra –el cruel dios Tohil o el insaciable Quetzalcóatl liderando ejércitos de fantasmas y brujos–; y la inclusión de elementos que mantienen rasgos no-ficcionales –los "partes al Señor Presidente" en particular– convierten a la obra en un antecedente de la revolución formal del *boom*. Como lo ha mencionado René Prieto, la creatividad estilística y las referencias periodísticas a lo *Nuevau roman* y a la fragmentariedad del estilo *Tel-Quel* expandidas entre 1950 y principios de los setenta, hicieron de *El Señor Presidente* un precursor *avant la lettre* (5-6). Sin embargo, si bien se ha manifestado que los partes son una incorporación de lo no ficcional en lo ficcional, no se ha hecho hincapié en que sirven también como una invasión del archivo en lo ficcional, en un momento en el que ni siquiera se sospechaba la importancia que éste tendría para la sociedad guatemalteca en el futuro.

Los partes que diversos caracteres escriben al Señor Presidente manifestan, en un primer momento, la presencia del panopticismo dentro de la obra, en cuanto atestiguan la observación y vigilancia ejercidas por las autoridades y una red de espías, y la utilización del archivo como elemento que revoluciona lo ficcional. El archivo, sin embargo, más que una instancia que se justifique a sí misma dentro de la obra, demuestra la fe de las diversas estancias del poder, en especial, del Auditor de Guerra, en la palabra escrita en un momento histórico en el que Guatemala, y Latinoamérica en general, se definía a sí misma por la presencia de la oralidad. De hecho, las órdenes del Señor Presidente son impartidas de forma oral. Ricardo Gutiérrez había señalado el talante contradictorio de la palabra escrita en esta obra en cuanto se convierte en instrumento de condenación en lugar de una práctica de liberación, en particular en el episodio del juicio a Niña Fedina.

La palabra escrita supera con creces la fugacidad de lo oral. El Auditor de Guerra busca de forma ávida la firma de los apresados para saldar sus propias deudas, lo que muestra que el poder está atravesado, al menos en la visión de los funcionarios estatales, por la irrefutable validez de lo escrito (*El Señor* 276). Y en el juicio seguido a Lucio Vásquez –quien según se colige de lo dicho en el episodio de la condena a los mendigos de la Puerta del Señor, sigue la orden oral de asesinar al Pelele dictada por el Señor Presidente– se le pide una prueba escrita: "¿Dónde está el papel en que consta que se le ordenó a usted proceder contra ese infeliz en forma tan villana y cobarde?" (165). Y continúa, poniendo todo el peso de sus afirmaciones en el poder del papel y la firma: "En los tribunales, ya sabe usted que cuando se habla es con el papel al canto; si no, ¿adónde íbamos a parar? ¿Dónde está esa orden?" (165). La conclusión es clara: "El dicho de una persona no hace prueba" (165). La escritura, entendida como palabra escrita, incrimina, prueba y conduce a prisión. Ricardo Gutiérrez habla por ello de las "trampas de la escritura" o de lo "escriturario" (644), y por tanto de un "sistema escriturario" que como un espejo, revela el gobierno corrupto del Señor Presidente. Sin embargo, no es la escritura misma la que corrompe (o está corrompida), así como tampoco es el caso consignado en el archivo el que incrimina: es la escritura concebida desde el prurito moderno de que solo lo puesto en el papel tiene valor por el hecho de ser factible de ser transportado, almacenado y consignado en un archivo para ser más tarde evaluado, revisado y contrastado.

Por otro lado, los partes sí confirman la existencia de una red indiscreta de espías que operan conforme a la modestia y sutilidad promulgada por el panopticismo. Los tres partes incluidos en *El Señor Presidente* (78-9, 183-87 y 333-35) al ser comparados con los incluidos en el tomo *Del silencio a la memoria*, revelan la presencia de similitudes, en especial en lo conciso y fáctico de la redacción y en las pomposas fórmulas de despedida, que quizás ratifiquen que en efecto exista un fondo real en su transferencia a la obra. La red de espías que estos revelan se extiende por toda la población, sin distinción de clase. En el primero de los informes, el redactor pone de manifiesto que las cocineras son quienes se observan entre sí y que él, como la araña cuyas patas están atentas a la más mínima vibración en la red, está al tanto de cada una de las investigaciones que se llevan al mismo tiempo y que se entrecruzan unas a otras. Es la policía, tanto la uniformada como la secreta –que, como el Auditor de Guerra, comparte las mismas características raciales y de clase que las cocineras– la que se percata de lo que sucede en realidad. De modo similar, en el segundo parte se observa que los propios ciudadanos son los instrumentos más eficaces de control político. Se trata de ciudadanos sin diferenciación social alguna, en un principio inocentes, en lo más recóndito de su conciencia opuestos al régimen dictatorial del Señor Presidente, pero que en última instancia se rinden a la atracción que ejerce el dictador, así también se conviertan en víctimas al igual que las personas que vigilan. En su rol de espías, funcionan como pequeñas máquinas conectadas a la máquina de vigilancia, cuyo objetivo es la producción de flujos de información, interrumpidos y vueltos a ensamblar en la máquina dictatorial. Los ruidos en la fonda donde Camila se oculta son delatados por una vecina (*El Señor* 183); los caminantes relatan detalles tan nimios como un letrero con el nombre desbaratado del Señor Presidente para luego revelar la identidad de un compatriota como autor del delito, lo que de seguro le acarrea tiempo en prisión (185-86); las traiciones de los rangos militares más altos suceden en los prostíbulos o en medio de fiestas en estado de embriaguez, y en tales circunstancias son los mismos asistentes los que contactan a la policía, la cual pone por escrito los informes que le son entregados al Señor Presidente (186-87). Hasta las enfermas del hospital donde Niña Fedina es recluida, se espían las unas a las otras. Como se mencionará más adelante, en Guatemala, en el término *surveillance*, vigilancia y observación coinciden; pero es la población más vulnerable la encargada de ejercer esa labor de espionaje

No dejan de existir en los partes fragmentos de la novela policial en la que seguramente se originan. Tanto los informes policiales como los diálogos entre los agentes ayudan a llenar los vacíos que la ficción ha dejado incompletos. Cada detalle que se narra en los partes y cada conversación entre los agentes dan cuenta de los movimientos que se efectúan dentro del argumento; pero sus causas, al menos en la cantidad de información que ha sido proveída por el narrador, no han sido expuestas de manera clara. Así, por ejemplo, en el segundo parte, al lector se le informa que Abel Carvajal, quien después será fusilado por traición, visita el Banco Americano y el Club Alemán y allí se entrevista con un personaje que a su vez era vigilado; el lector, de la información proveída en parte, supone entonces que Canales, con sus encuentros, tiene contacto con personajes subversivos para el gobierno del Señor Presidente y que por esa razón debe ser eliminado. En el último parte, escrito por el director de la policía secreta, se otorgan aún más detalles sobre los vacíos que deja la narración. Por este último informe el lector se entera de la suerte final de Cara de Ángel y de la venganza del Señor Presidente, quien contrata a un extranjero para estar preso y relatar que Camila se ha convertido en la amante preferida del mandatario (334). Parece que en la obra el poder de la información real y verdadera está en manos de la policía secreta. ¿Por qué razón el Señor Presidente quería que el general Canales abandonara la ciudad y Cara de Ángel cuidara a Camila? ¿Por qué cayó en desgracia Cara de Ángel? No fue tan solo por casarse con la hija de un traidor; fue precisamente por casarse, sin preguntar al Señor Presidente, con Camila. Farfán, el esposo de Niña Fedina, relata que Cara de Ángel "se comió el mandado del patrón" (322). Es decir, la expulsión de Canales fue una simple maniobra del Señor Presidente para hacer de Camila su amante; ella era su "mandado" y Cara de Ángel lo usurpó antes de tiempo –por los espías se sabe también que Canales ofreció su hija a Cara de Ángel como garantía para escapar (79)–. La labor de Cara de Ángel era la de cuidar a la nueva amante del Presidente hasta que la situación retornara a su normal orden para que este último pudiera hacerla parte de su séquito –no seducirla ni menos casarse con ella–. Las acciones del mandatario son entonces manifestación directa de la venganza suprema del príncipe lujurioso, del tirano, en todo el sentido de la palabra.

En el más moderno de los sentidos, en la obra de Asturias, la policía secreta controla la información necesaria para que el lector resuelva un rompecabezas que involucra el destino y las motivaciones de los personajes. El lector debe navegar entre la ficción, cuya información controla el narrador de manera que solo detalles interconectados y fragmentarios lleguen hasta la consciencia del primero, y la no-ficción, donde reposa la verdad de esos detalles. De cierta forma, el lector se convierte también en un juez que al leer los partes, completa la información y tiene acceso a la totalidad del argumento que la obra presenta. *El Señor Presidente* reproduce por tanto la presunción de realidad y verdad que caracteriza en la vida real los informes policiales. Žižek en *Looking Awry* afirma que en la literatura policial existe una "relación voyerista" entre el asesino y el lector. El detective, al igual que el lector en la novela policial, tiene como meta la resolución del crimen. De igual modo, el lector de *El Señor Presidente* quiere saber los porqués del destino final de Cara de Ángel. En la medida en que el lector lleva a cabo un proceso de investigación, para el cual el archivo tiene una importancia medular como repositorio último de información, su mirar atento lo convierte también en voyerista: es el lector quien sabe la verdad de los complots, expulsiones, destierros y castigos, los detalles de los asesinatos, y hasta la dimensión real de cada uno de los tormentos que se aplican a los sospechosos. Pero esta observación, como lo clarifica Žižek, no conlleva culpa alguna (111-16). El lector se convierte en el centro de la telaraña del poder que construyen los testigos, informantes y la policía secreta. Su lugar es equivalente al sitio privilegiado del Señor Presidente en cuanto ambos explotan un *surplus* de información producida por los sistemas de seguridad. Pero el lector no exhibe ninguna culpa.

Panopticismo y tortura

Sin embargo, dos fragmentos no terminan de encuadrarse por completo en la imagen del panopticismo generalizado que los partes, al igual que la presencia de la policía secreta, proveen. El primero de ellos es la tortura, la cual, como pena y castigo, ha sido eliminada por definición del panopticismo. El castigo corporal efectuado en el cuerpo del reo no existe en el panopticismo, mucho menos su exhibición morbosa, hecho que sí distingue varios episodios de la novela de Asturias. Niña Fedina es prevenida de lo que sucederá en el futuro por el fantasma de su propio cuerpo luego de que sea sometido a una tortura que la transformará en un monstruo condenado a la exhibición de lo inútil a través de un pecho que no alimenta —que en lugar de vida engendra sequedad y muerte—. Esto, a su vez, se refuerza por el trasteo, por toda la ciudad, del cadáver de su hijo, manifestado como la vida inutilizada y como el despojo al que se le otorga un trato que solo se les concede a los seres vivos (*El Señor* 139-40). El Mosco se mantiene fiel a su testimonio afirmando que fue uno de sus compañeros, el Pelele, y no el General Canales y el Licenciado Abel Carvajal, el asesino del General Parales Sonriente, allegado tanto del Señor Presidente como de Cara de Ángel. Por ello, luego de ser asesinado durante las torturas, es exhibido también como un monstruo, con la objetivación de su tórax "porque le faltaban las dos piernas" (20). El monstruo, como prodigio expuesto para el escarmiento de la población, es aquí ofrecido para la satisfacción morbosa del lector, sin que por ello, de nuevo, incurra en culpa alguna –"the speaking voice, the marked body, and the enjoying eye" (Deleuze, *Anti-Oedipus* 190)–.

El castigo corporal en la obra, como ejercicio que marca al condenado –los cientos de palos que se descargan sobre los apresados o sobre el secretario que no es capaz de escribir de forma correcta y disciplinada– está allí para evidenciar que el delito transgrede la ley del dictador como una ofensa perpetrada contra el cuerpo del dictador, pagadera solo por medio del suplicio. Las otras máquinas, reconciliadas en la máquina célibe de la vigilancia, se movilizan en el cuerpo del dictador sin poder escaparse de él, como un flujo de múltiples mensajes, como "árboles de orejas" o "millones de cartílagos" que todo lo devoran y se comunican unos a otros:

> Todo le pareció fácil antes de que ladraran los perros del bosque monstruoso que separaba al Señor presidente de sus enemigos, bosque de árboles de orejas que al menor eco se revolvían como agitadas por el huracán. Ni una brizna de ruido quedaba leguas a la redonda con el hambre de aquellos millones de cartílagos. Los perros seguían ladrando. Una red de hilos invisibles, más invisibles que los hilos del telégrafo, comunicaba cada hoja con el Señor Presidente, atento a lo que pasaba en las vísceras más secretas de los ciudadanos. (*El Señor* 46)

Si la presencia de la tortura como marca corporal es el primer fragmento difícil de reconciliar con el panopticismo, lo es solo en conexión con el segundo elemento, la centralidad del cuerpo del déspota. Como afirma Foucault, panopticismo y ley monárquica son dos sistemas de concepción del delito y el castigo incongruentes entre sí. "The body of the king, with its strange and material presence, with the force that he himself deploys or transmits to some few others, is at the opposite extreme of this new physics represented by panopticism" (*Discipline* 208). La relación entre el rey y sus súbditos se apoya en la soberanía; entre el jefe de policía y los ciudadanos, en la disciplina. Sin embargo, entre el Señor Presidente y el pueblo reina en última instancia la soberanía, que se manifiesta en obediencia y disciplina, y se castiga marcando el cuerpo del sospechoso, el cual a su vez es instrumento para exhibir su poder desmedido. En última instancia, los partes de *El Señor Presidente* solo se asemejan a sus pares reales en secciones parciales de su contenido y formas retóricas, pues como flujos producidos por una máquina, no son interrumpidos para ser puestos en funcionamiento por otra máquina en un futuro. Cuando aquel que escribe el parte surge adherido a él como sujeto residual, ya sabe que su informe llegará hasta el Señor Presidente. El archivo policial supone la producción de un informe, su interrupción y su delegación a otra máquina, el archivo, que cuenta con sus propios códigos basados en la discreción y anonimidad de aquél que en un futuro hará uso de ese informe. No así en los partes, los cuales se conciben solo en función de la lectura que de ellos hará el Señor Presidente. Los partes nunca abandonan el cuerpo del mandatario, pues están inscritos en su superficie. Se encabezan como informes destinados a él ("Excelentísimo Señor Presidente Constitucional de la República") y se cierran nombrando su persona: "Es cuanto tengo el honor de informar al Señor Presidente..." (335).

Esta superficie es, como se consignó antes, un cuerpo hecho de orejas —un bosque de orejas—. Se simboliza además en la objetivación monstruosa del ojo, que no coincide aquí con el emblema del detective —el ojo de los Pinkertones— sino con el ojo que no puede ser diferenciado o separado de un cuerpo. En 1989, Teresita Rodríguez, una de las pocas críticas cuya mirada se detuvo en las particularidades de la policía secreta en la obra de Asturias, se había percatado de la importancia de los partes y la vigilancia resaltando el más inequívoco y moderno de sus símbolos: el ojo. Afirmaba por ello que

> [e]l ojo de la policía secreta permanece alerta las 24 horas del día. En efecto, el dictador se vale de una red de espionaje hábilmente estructurada en la superficie textual para mantenerse informado, fortaleciendo de este modo el mito de su omnipresencia y el de su omnisciencia. Por medio de esta red controla todas

> las esferas de la vida cotidiana. En ella se entrelazan personas de todas las clases sociales. El servicio secreto también recluta su personal de las capas sociales más necesitadas [...] La red de espionaje abarca todo el país. Cada persona tiene su puesto dentro de un engranaje, cuya estructura semeja círculos concéntricos [...] La falta de puestos de trabajo en la sociedad ficticia hace que la policía secreta ejerza una fuerza de imán, sobre todo, entre los desheredados. (64-5)

Como símbolo preclaro de vigilancia y control, la aparición del ojo se funda en la objetivación y confusión de miembros y órganos conectados con el acto de vigilar. Como imagen no sintetiza, sin embargo, la modestia, la discreción y la frugal economía de la observación característica del panopticismo. Es un ojo omnipresente y omnisciente, hecho para el deleite de aquellos que aplauden la exageración cruel. Es el ojo de la ley que no se metaforiza en el príncipe, sino en El Presidente. Los dedos y el ojo se unen entre sí como mecanismos de una máquina compuesta de la reificación de las extremidades y los miembros relacionados con el ejercicio del poder monárquico. La aparición del ojo no puede ser más significativa en el contexto temporal del argumento de la obra. Lucio Vásquez, el policía secreto que ayuda a Cara de Ángel a planear el robo de Camila y, de forma involuntaria, el escape de Canales, y que será después condenado por no reproducir la resolución escrita del Señor Presidente que le ordenaba eliminar al Pelele, se encuentra vigilando el a Portal del Señor. Luego del asesinato del Pelele, Genaro Rodas, su acompañante y quien había presenciado de cerca los hechos, regresa a su casa –que es también la tienda en la que trabaja su mujer–, lo que lleva al lector a deducir que ambos pertenecen a la clase más desfavorecida y a su vez explica por qué Rodas desea convertirse en policía secreto.

En su casa, el gran ojo se le aparece paseándose por los dedos de su mano, en una alucinación que refleja la ansiedad de celar y ser celado: "Es un ojo que me persigue" (71). Mientras Niña Fedina cree que esta aparición manifiesta "el ojo de Dios" (71) que mira y condena, en referencia al pecado que implica un asesinato, Rodas dice que "es el ojo del Diablo" (71). Pero no se trata de un par de ojos, sino de la singularización de un solo ojo, que por tanto, en efecto, alude al ojo por excelencia, la divinidad –el triángulo con su vértice inclinado hacia arriba y en su centro un ojo o, como lo explica Battistini, "las figuras individuales del Padre, el

Hijo y el Espíritu Santo" (120). Se trata del ojo siempre abierto que observa y vigila, lo que a su vez es representación del Señor Presidente (al menos como una versión de Tohil). La representación del ojo abarca tanto el ojo que el Pelele no puede cerrar luego de ser abaleado por Lucio Vásquez, como la total sumisión de la vida privada a la voluntad del mandatario. "¡Una pupila que como un relámpago lo abarcó todo y se fijó en nosotros! ¡Un ojo pestañudo que no se me quita de aquí, de aquí de los dedos" (72). El ojo, como observación continua, abarca la vida total del individuo, tanto su casa como sus seres queridos: "el ojo creció en la sombra con tanta rapidez, que en un segundo abarcó las paredes, el piso, el techo, las casas, su vida, su hijo" (71). La conclusión de este pasaje es llamativa, pues Rodas pasa a lamentarse por "las gentes del pueblo" (72), lo que refleja que el término que se excluye pero siempre regresa está reflejado en las víctimas, quienes, en última instancia, son los instrumentos que se vigilan unos a otros.

El Señor Presidente impulsa una lectura crítica del dictador y de la máquina de vigilancia que se le adhiere, pero la centralidad del cuerpo del déspota, de la fe que aún promulga en que quizás ese déspota, digno de un poder imperdurable, sea merecedor de una cierta gloria, aunque cómica y cruel, lo lleva a advocar por su retorno como código que produce unidad (Deleuze, *Anti-Oedipus* 260).

Copia y simulacro

Si se considera *El material humano* desde el conjunto de la obra de Rey Rosa, el interés por el archivo es comprensible. En efecto, desde un horizonte posmoderno y fragmentado, *El material humano* busca poner en crisis los elementos modernos que sirven de fundamento al seguimiento y espionaje de la población. La observación es un factor una y otra vez visitado en la obra de Rey Rosa, por ejemplo en el cuento "Siempre juntos", el cual explora las contradicciones que siguen a dos escorpiones que, aferrados al techo de una casa, aprendían los hábitos de una familia para terminar luego exhibidos y devorados por las hormigas.

En "Elementos", como si fuera el germen que impulsa la primera parte de *El material humano*, resuena una frase promulgada por un agente de la CIA que se infiltra dentro de un grupo de poetas: "el lenguaje ante todo debe ser vigilado" (*Ningún lugar* 107; Pérez de Medina 192). Misha Kojotovic ha puesto de relieve el papel que juega la vigilancia en *Que me maten si...* (1997) a través del monitoreo que uno de sus personajes, utilizando su ayuda auditiva, ejerce sobre sus escuchas al grabar sus conversaciones. En *Caballeriza* (2006) Rey Rosa lleva al extremo las fronteras de la observación al trasladarla a una familia en la cual un padre condena a su hijo a habitar en un cuarto bajo tierra para ser siempre espiado por una cámara. La relación que se instaura entre la figura del padre, sinónimo del Estado, y el hijo, imagen de una población inerme que necesita una férrea disciplina, está enmarcada dentro de las crueles coordenadas de la represión y la vigilancia. Comunes tanto a los cuentos y novelas arriba referidos subyace otro tema esencial en la obra de Rey Rosa que se extiende también a *El material humano*: la privatización del poder que antes era solo competencia del Estado, mencionado por Elena Pérez como parte central de "El negocio para el milenio" (Pérez de Medina 194-95).

El material humano parte también de una inclusión del archivo, aunque con características distintas y un programa disímil a los partes incluidos en el *Señor Presidente*. Luego de la introducción en la cual el narrador explica la historia de lo que se conocerá como el Archivo de la Isla –presentada al inicio del capítulo– se consignan los antecedentes de un número amplio de individuos judicializados cuyos rasgos aparecen en las fichas que el protagonista ha consultado durante dos días (21-34). Si en *El Señor Presidente* lo que se propone como material no-ficcional son los partes escritos por funcionarios policiales, en *El material humano* se consignan documentos de identificación denominados fichas –al igual que artículos periodísticos, cartas e informes policiales–. Éstas, cuyo récord se inició en 1935 por mandato del presidente Jorge Ubico, son la materialización del seguimiento a los apresados y sospechosos. El registro era llevado a través de un sistema de tarjetas ordenadas de forma alfabética en la que se escribían los nombres, los rasgos físicos y el resumen de los cargos. La entrada más reciente data de 1986. Las fichas pertenecían a

La máquina dictatorial

lo que en un inicio se llamó el Servicio de Identificación pero que luego, desde muy temprano, pasó a la historia como el Gabinete de Identificación o el Gabinete –así se nombra en *El material humano*–. *Del silencio a la memoria* aclara que en todos los sellos, incluyendo el del director, figuraba la palabra Gabinete, excluyendo el término Servicio (51, nota 3). Aunque las características de los reseñados varían con el tiempo, se pude afirmar, a grandes rasgos, que toda la población en algún momento llegó a ser fichada, se si considera que el registro debía ser realizado a las personas sospechosas de delitos políticos, capturadas por delitos comunes, aquellas que solicitaban cédula de vecindad y licencia para conducir y todos los fallecidos. El Gabinete estaba también encargado de contrastar las huellas digitales de cadáveres no identificados en su banco de impresiones dactilares (*Del silencio* 126). El informe *Del silencio a la memoria* añade: "Se calcula que durante estos cincuenta y un años cerca de un millón de personas fueron registradas en las fichas por ahora disponibles en la documentación correspondiente a las estructuras de investigación criminal de la P[olicía] N[acional]" (280).

El archivo invade el estatuto ficcional de *El material humano* a través de una extensa lista de fragmentos concebidos como cortas descripciones de menos de tres líneas sobre oficinistas, labradores, amas de casas, prostitutas, brujos, estudiantes, periodistas, chapadores, sastres, choferes, ayudantes de ladrilleros, talabarteros, carroceros, lustradores y jardineros, entre muchos otros con empleos similares, o sin empleo –"Sin profesión"–, fichados por robos de bicicletas o de alambre telefónico, subversión, prostitución y brujería (21-35). "Chacón F. Gumercinda. Nace en 1930 en la ciudad capital. Oficios domésticos. Soltera. Fichada por practicar ciencias ocultas" (32). Sin embargo, esta invasión está destinada a las primeras páginas y a fragmentos a lo largo del argumento. Su estatuto es además contradictorio, pues al inicio el narrador menciona que su propósito es investigar los documentos que prueban la persecución a los artistas durante la dictadura guatemalteca. Sin embargo, aquello que se incluye en la novela no es la catalogación ficcional de la vida de los artistas, sino una pormenorización fugaz de individuos como los descritos arriba, aquellos con profesiones humildes, sin profesión o ubicados al margen de la ley, sobreviviendo gracias a pequeños actos contra la propiedad privada ("esquinero reincidente", "contrabando de alcoholes").

De igual modo, el narrador informa que la obra se convertirá en la puesta por escrito de sus visitas al archivo, pero el lector pronto se percata de que aquello que en realidad se narra es la imposibilidad del narrador de acceder al archivo y que el texto asume la forma de un diario de artista –y que por tanto el narrador se identifica y actúa como un artista, rechazando su mimetización con las víctimas cuyas mini-biografías consigna en la sección inicial de la obra–. *El material humano* avala una forma particular de comprensión del escritor cercana a la bohemia de finales del siglo diecinueve. En la actualización de ese espíritu, el protagonista regresa a su contacto con sustancias prohibidas, sus encuentros con escritores y poetas que comparten su visión de mundo (121, 148). Es decir, en lugar de hablar de las víctimas del archivo, el héroe se dedica a hablar de sí mismo, de sus viajes y lecturas, y de su relajada vida de escritor que se sitúa en las antípodas de los padecimientos sufridos por ellas –restaurantes costosos, chalets a la orilla del lago–. En la entrada *Viernes*, el narrador confiesa: "Anoche, sueño con cocaína, con Carter Coleman, Bret Easton Ellis, Alejandro D –mi viejo amigo cobanero– y JL" (130). Por ello, en cuanto novelador del archivo, el narrador pronto reconoce sus debilidades. Como escritor hijo de una familia acaudalada, no se descubre idóneo para asumir la vocería de las víctimas:

> Me pregunto si en realidad he jugado con fuego al querer escribir acerca del Archivo. Mejor estaría que un ex-combatiente, o un grupo de ex-combatientes, y no un mero diletante (y desde una perspectiva muy marginal), fuera quien antes saque a la luz lo que todavía puede sacarse a la luz y sigue oculto en ese magnífico laberinto de papeles. Como hallazgo, como Documento o Testimonio, la importancia del Archivo es innegable (aunque increíble y desgraciadamente hay quienes quieran quitársela) y si no he podido novelarlo, como pensé que podría, es porque me ha faltado suerte y fuerzas. (169)

En su confesión, el narrador renuncia a asumir la vocería, cualquier vocería. Y renuncia también a contemplar atónito la interminable extensión del cuerpo del dictador o la extensa serie de dictadores sucedidos a partir de 1954. Si *El Señor Presidente* se erige como el gran edificio

La máquina dictatorial

donde vanguardia y modernidad se entremezclan con lo autóctono guatemalteco y donde la voz del escritor alcanza resonancia política, en *El material humano* solo persisten las ruinas de esos mismos anhelos. Las anécdotas de la otrora poderosa presencia despótica del dictador no sirven ni siquiera como decorado cómico. Son ahora copias irrepresentables que cargan con el lastre de su producción en una línea de ensamble. "Cuenta también Sagastume que Ubico –cuando alguien era denunciado como delincuente– solía usar este lema: 'fusílenlo, más tarde se averiguará'. Expresiones posibles: *Sadismo histórico. Realismo sádico*" (52).

El dictador como *residuum*

Mientras *El Señor Presidente* describe la violencia que brota del exceso de la voluntad omnipresente y poderosa del déspota, *El material humano* muestra que ésta se deriva de un Estado débil y culpa por ello al sistema de justicia. Si en *El Señor Presidente* la máquina de vigilancia era un producto de la máquina dictatorial, si bien instalada en su propio cuerpo, Rey Rosa demuestra que el dictador, como personaje que se repite, es un *residuum*, una interrupción en la cadena de significación que como resultado engendra al sujeto corporalizado –un suplemento de la máquina de vigilancia (Deleuze, *Anti-Oedipus* 40)–. En un *excursus* de cinco páginas que sirve de historia fragmentada e incompleta, el narrador resume los momentos más importantes de la guerra interna y sus rupturas en Guatemala, realizando una serie de cortes que se manifiestan como cisuras en el deseo que impulsa la historia política guatemalteca. Sin embargo, el dictador y los sucesivos añadidos que sirven como figuraciones de la máquina dictatorial destacan por su ausencia. "Un Estado débil necesita ejercer el terror" (44). La primera página del libro señala esta misma variante cuando afirma que "la índole arbitraria y muchas veces perversa de nuestro típico y original sistema de justicia [sentó] las bases para la violencia generalizada que se desencadenó en el país en los años ochenta y cuyas secuelas vivimos hoy" (36). A lo que añade repetición cuando remarca la presencia, todavía en 1944, de las "fincas privadas –las fincas creadas con los despojos de las 'tierras de indios'" (36). Se refiere en este caso a la Revolución de 1871 y sus reformas que abolieron la prohibición de la usura, creando las bases de un sistema bancario que a su vez proveyó capital para el establecimiento de una cultura del café, engendrada precisamente por la incorporación de terrenos baldíos cultivados gracias a las leyes contra la vagancia –los indígenas eran quienes poseían las tierras baldías y eran castigados por no trabajar (Clegern 108-9)–.

Lo anterior, a su vez, es presentado por el narrador como repetición del sistema feudal: "Voltaire escribió: 'Parece que en tiempos de anarquía feudal los príncipes y los señores, siendo bastante pobres, trataron de aumentar sus tesoros despojando y condenando a sus vasallos, para hacerse así renta del mismo crimen" (36). Se habla de un Estado débil y líderes con apuros monetarios que se enriquecen con el crimen y por el crimen, lo que Foucault señala como la nueva reorganización de la ilegalidad sucedida con cada reforma política (*Discipline* 86-7). En su recorrido, el narrador continúa con los cortes que interrumpen la diacronía del conflicto: "Después en 1966, en Guatemala no se registran más presos políticos; comienza la era de las desapariciones forzadas, cárceles clandestinas y ejecuciones extrajuduciales" (45). Un nuevo quiebre: "el 'Documento de Marzo' de 1967, en el que se decide cambiar el 'escenario de combate', y a partir del cual se intenta incluir a la población indígena –que antes se había mantenido al margen– en la lucha armada" (46). Este *excursus* se interrumpe inesperadamente con negativas a revisar documentos y la narración de una cena con su novia.

Esta revisión fragmentada e interrumpida, descrita como un conflicto del cual el poder centralizador del dictador ha sido expulsado, es similar al que ha efectuado, por ejemplo, Grandin, quien afirma que la guerra interna no fue un asunto de "descomposición" social, es decir, del paulatino recrudecimiento de un conflicto entre dos bandos de iguales dimensiones enfrentados para convertirse en la fuerza más poderosa dentro de las fronteras de Guatemala, sino que tuvo como meta la fundación de un nuevo Estado (49). Por ello afirma el narrador: "El ejército guatemalteco fue responsable de aproximadamente el noventa y cinco por ciento de las muertes y desapariciones forzadas; la guerrilla, menos de un cinco por ciento" (*El material* 45). Grandin reconoce la exactitud de las afirmaciones de la Comisión para el Esclarecimiento Histórico cuando ésta apunta a que la dinámica de exclusión de los grupos indígenas y de las clases mestizas más desfavorecidas surgió a finales del siglo diecinueve, momento en el cual unas pocas personas concentraron la mayoría de la tierra confiando en que el Estado proveería la mano de obra (Grandin 60). La existencia de esas largas capas poblacionales se convirtió en una fuente continua de descontento que se resolvió, una vez que el proyecto de Árbenz falló en su deseo de romper el círculo vicioso de la tenencia del poder y la mano de obra barata, mediante la represión y los golpes militares (60).

Grandin anota que la última etapa del conflicto que precedió el genocidio de la población maya tuvo lugar al final de los años setenta cuando un grupo de militares jóvenes se dieron a la tarea de modernizar el Estado por medio del mejoramiento de las instituciones civiles, la lucha contra la corrupción, la desmilitarización de la policía, la suspensión de las prebendas concedidas a las clases terratenientes y el apoyo a los grupos empresariales; es decir, una reforma al Estado que conllevaba su refundación (*Guatemala: Memoria* 82). Lo anterior se tradujo en crecimiento económico gracias a la participación de Guatemala en el Mercado Común Centroamericano. La eliminación de todo foco de lucha guerrillera se consideró como un paso necesario en el afianzamiento de este proyecto, lo que justificó el apoyo de los grupos civiles al fraude electoral que condujo a Arana a la presidencia (Grandin 61-2; *Guatemala: Nunca más* III, 3; *Guatemala Memoria* 85). La población indígena que para ese momento ya había sido incluida en el conflicto, a los ojos del Ejército, se había unido a la lucha armada por su incapacidad para comunicarse con el Estado. El racismo subsecuente, presente desde la fundación de la nación e institucionalizado luego del "asalto" ladino al poder luego de la Revolución de 1871, se tradujo en la identificación de los indígenas como una raza inferior sujeta a influencias foráneas para quienes el comunismo se convertía en vía para saldar siglos de maltrato (*Guatemala: Memoria* 90; Grandin 62-3). Los derechos de los indígenas como ciudadanos, por tanto, no fueron equivalentes a los derechos de aquellos que sí se habían adherido al proyecto nacional, hecho que refleja la capacidad del Estado de justificar la persecución a un grupo social en el momento en que, basado en la decisión soberana del estado de excepción, consideró que la línea que separaba al ciudadano del individuo estaba fundada en la adhesión a su idea de nación –la separación entre *bios* y *zoe* que para Agamben describe la dinámica política contemporánea (*Homo Sacer* 111)–. La guerra frontal contra la oposición fue un medio para acceder a un fin claro: la consolidación de una nueva república sin resistencia alguna. Para la implantación y el sostenimiento de ese modelo se echó mano de una red dispuesta, un sistema de vigilancia utilizado para sofocar de forma contundente toda disidencia, como fue el caso de la policía secreta en los largos gobiernos de Estrada Cabrera y Ubico.

Como lo describe Didier Bigo al profundizar el concepto de banda de Möbius aplicado por Agamben al campo de las relaciones entre los gobiernos y las personas, éste implica una confusión entre el adentro y el afuera y una alteración de los roles entre las instituciones encargadas de defender el adentro y el afuera, confusión característica del gobierno guatemalteco, pues incluso en 1985, era todavía directriz policial: "En la ejecución del trabajo, se confunde el Oficial Militar con el Oficial Policial" (*Del silencio a la memoria* 175). El Ejército, encargado de defender al país de un enemigo externo, persigue al enemigo interno. La policía abandona su rol civil y se convierte en ancila del ejército. Es una dinámica que, según Peter Waldmann, ha sido común en los sistemas policiales latinoamericanos, pues la herencia colonial española de delegación del control territorial no fue compatible con la centralización que debía regir al cuerpo policial. Esta atomización de un control central se acrecentó con el caudillismo, y se mantuvo en el siglo veinte, debido la inestabilidad política. Waldmann afirma que

> En este clima de agitación social y política, que en algunos momentos llegó a adoptar la forma de guerra de guerrillas y hasta de franca guerra civil y que, en parte, favoreció el establecimiento de regímenes militares represivos, el margen de acción para una institución policial independiente siguió siendo escaso [...] la policía corre permanentemente peligro de ser usada por uno de los bandos como brazo armado o de ser directamente absorbida por las Fuerzas Armadas y utilizada para sus propios fines represivos. (129-30)

La máquina dictatorial

Ante la presión por redefinir los conceptos Estado y ciudadano, el gobierno declaró que la oposición se ubicaba afuera de la idea de nación, pero su persecución se realizó, como en la banda de Möbius, dentro de las fronteras. La campaña anticomunista se convirtió en un perpetuo estado de excepción que permitió al gobierno despojar a los simpatizantes de izquierda de sus derechos como ciudadanos simplemente porque se oponían al proyecto inclusivo de Estado, solo viable a través del libre mercado y la ladinización. La eliminación de los opositores se llevó a cabo sin que para ello mediaran los pasos simbólicos y rituales estipulados por la ley: sospechas, detención, reseñas judiciales, pruebas, juicios, cárcel, penas máximas, etc. Excluidos del proyecto nacional, su eliminación no significó la infracción de ley alguna –la neutralización del enemigo interno, como lo anota el informe *Guatemala: Nunca más*, incluía el aterrorizar a la población insurgente, la extracción de información y la "ejecución extrajudicial"– (1).

El material humano también profundiza en el papel de la observación como máquina destinada a la creación de cuerpos dóciles. Y estas se representan en lo que el narrador llama "delitos menores" –a lo que Foucault se refiere con el concepto "delincuente", el reincidente del sistema carcelario que atenta contra la propiedad privada, práctica que en un pasado se toleraba como forma de sostenimiento diario (Foucault, *Discipline* 86)–. "Conviene recordar que los delitos menores, como el no tener la llamada 'libreta de trabajo' que se exigía a los indígenas desposeídos de sus tierras por decreto gubernamental, seguían penándose en 1944 con trabajos forzados en obras del Gobierno" (*El material* 36). El monitoreo a la población indígena y mestiza empobrecida pone de manifiesto la necesidad, como describe Foucault, de formación de un yo capaz de aplicarse con destreza en las diferentes esferas del campo económico que traslada los fundamentos de la vida militar a la escuela, la fábrica, la cárcel, la finca, la ciudad, etc., mediante "tácticas" de entrenamiento y codificación de actividades y aptitudes (*Discipline* 167). Cuando el sujeto opta por un modo de sustento situado por fuera de la esfera del trabajo disciplinado en las instituciones económicas, la máquina de vigilancia reprime sus opciones convirtiéndolas en delitos contra la propiedad privada o en contravenciones contra las leyes de vagancia, ubicándolos fuera de la frontera de lo legal e imponiendo la cárcel como castigo – por ejemplo, la brujería, la prostitución o la insignificancia del delito de "limpiar zapatos sin licencia", el cual refleja en efecto una actividad económica individual situada por fuera de la finca o la fábrica. A su vez, la reincidencia se convierte en la excusa perfecta para crear una red de colaboradores y delatores, pues el delincuente, como huésped habitual de la prisión, es fuente y objeto de conocimiento tanto del delito como de los cómplices, el modo de vida, el método, los sitios de reunión, etc. (*Discipline* 278). La razón última de la crudeza y persistencia de las labores de vigilancia y observación se explica por la necesidad de acelerar el proceso de ladinización y garantizar una abundante mano de obra a bajo costo.

Violencia post-archivo

El material humano persigue el cuerpo fallecido del dictador, pero al encontrarlo irrepresentable, lo remplaza por una variante fantasmal, un minotauro, mitad toro, mitad hombre, atrapado en el laberinto del archivo abandonado. Empleado como funcionario, se trata de un monstruo confundido en el enredo de legajos, folios y fichas, sin un hilo que le ayude a encontrar la salida. Este minotauro, que el protagonista advierte que es inventado (56), representa la contrariedad del poder que, como en *El Señor Presidente*, utiliza a los miembros más desfavorecidos de la población –las cocineras y policías secretos retratados en la obra ahora convertidos en traficantes y ladrones de alambre telefónico–. El protagonista relata que siempre creyó que el secuestro de su madre había sido perpetrado por la delincuencia común, pero en sus visitas al archivo descubre que éste había sido cometido por células guerrilleras adscritas al efímero Movimiento 18 de Enero (91). El protagonista sospecha de uno de los archivistas y con ayuda del hijo de Benedicto Tun y las cintas grabadas de las conversaciones en viejos casetes, descubre similitudes en sus voces (177). El minotauro, el dictador fallecido que en su poder controlaba el flujo de violencia soberana, se multiplica en cada uno de los individuos acusados por una paranoia colectiva, asimilando su voz con una identidad proveída por una memoria porosa que todo lo confunde.

El minotauro, en última instancia, como imagen de los rostros anónimos que ejercen una represión política que asciende desde *El Señor Presidente*, es un simulacro del cuerpo del dictador, ahora confinado y preso en el archivo. En un presente donde las fuerzas violentas de izquierda no existen, la eliminación de ciudadanos por opciones políticas continúa. Una de las narrativas que dan continuidad a *El material humano* es el seguimiento por medio de la lectura en periódicos del escándalo que rodea el escape al extranjero de un exjefe de la policía, a quien se acusa de asesinar a varios de sus agentes para borrar todo vínculo con un crimen del cual es acusado como actor intelectual: "En la primera plana de los diarios de hoy aparece la noticia de la muerte de cuatro policías de alto rango. Los policías habían sido encarcelados dos o tres días antes, acusados de pruebas 'fehacientes' de ser los culpables del brutal asesinato de tres diputados salvadoreños y su chofer" (70). En otra ocasión, relata que cerca del lago Atitlán fuerzas oscuras habían eliminado 36 personas entre las que se cuentan "ladrones, brujos, parejas infieles, drogadictos y funcionarios corruptos". La brujería y la prostitución, delitos comunes en las mini-biografías del inicio, son causas de asesinatos selectivos en el presente del protagonista, corroborados en periódicos y por las notas que dejan los autores de las masacres (93). Mientras que los defensores de los derechos humanos siguen siendo asesinados, la policía justifica sus actos de limpieza social contra drogadictos y adivinas como una "batalla contra el Mal" (*El material* 103-4).

Las similitudes entre *El Señor Presidente* y *El material humano*, empujadas por el exceso que proviene del concepto de máquina dictatorial, ascienden hasta la cúspide de la representación y al llegar a la cima se desploman al vacío para desintegrarse en partículas que destellan diferencia una vez chocan con la superficie. En *El Señor Presidente*, la observación y la vigilancia se representan mediante la materialización de órganos del cuerpo humano que sirven como sinécdoques y metáforas de la representación del poder: la mano que atrapa a pesar de la distancia, más allá de los límites –el general Canales que muere envenenado como si hubiera sido víctima de brujería (227)–, la oreja que todo lo escucha, el ojo que todo lo observa. Camila recibe llamadas telefónicas que afirman que la causa real de la muerte de su padre fue el haber leído en el periódico que el padrino de su boda había sido el Señor Presidente (297). En *El material humano* el narrador reporta la creciente sospecha por parte de los empleados oficiales ante sus pesquisas. Con el paso de los días el protagonista descubre que él también se ha convertido en blanco de la persecución de grupos de los que no se sabe a ciencia cierta si están o no aliados con el Estado. Se siente vigilado y en algún momento piensa en la posibilidad de exiliarse. Y en su casa también suena el teléfono y al otro lado de la línea solo escucha "una risita como de vieja, que sólo puedo calificar de maligna" (137) –en otras llamadas le ofrecen servicios funerarios, en otras le ordenan "No vayás a alborotar el hormiguero" (148)–. La mano del Señor Presidente no atemoriza; es ahora una nota al pie de página: "1. 'Mano blanca' era el nombre de una organización vinculada con el ejército y dedicada al exterminio de comunistas y sus simpatizantes" (44). Pero esa Mano, hecha de individuos anónimos, siembra el terror en la población. Uno de los amigos escritores del protagonista, Homero Castillo, representación ficcional del salvadoreño Horacio Castellanos, decide exiliarse de Centroamérica porque, según lo confiesa la carta de aplicación por estatuto de refugiado político a Canadá, en estos países "*the practice of silencing enemies –political or other– by death threats or, in many cases, by death, has become again a commonplace*" (Rey Rosa, *El material* 76; énfasis en el original).

La constatación de que las razones que justificaban las desapariciones y asesinatos de ciudadanos en el pasado son similares a las que se esgrimen en la actualidad del narrador de *El material humano*, sugieren la existencia de un nuevo simulacro, esta vez ético y político. Badiou afirma que el simulacro es la concretización del mal en la sociedad actual, manifestada en la entronización de una representación institucional ficticia del Estado destinada a ocultar las verdaderas causas de la injusticia social (62). En su debilidad, el Gobierno, al erigir una nueva imagen de sí mismo, encubre la protección a grupos que le han servido para controlar a sus propios ciudadanos y estabilizar una población heterogénea con fines políticos y económicos. Persistencia que confirma el tomo *Del silencio a la memoria* al retratar las maniobras legales que el AHPN realizó para que su existencia fuera reconocida y garantizada (1-19). Los sucesos que rodean la violencia que retrata *El material humano* revelan las contradicciones de un Estado que, con su capacidad para crear leyes cuyo fin último es la inclusión y la exclusión de la vida, alberga dentro de sí una contradicción que enfrenta los términos de esa exclusión una vez proclama que, a la hora de definir una vez más su representación, garantiza, de ese momento en adelante, el respeto a los derechos humanos (Agamben, *Homo Sacer* 28; *Remnants* 155). Entre la voluntad del Estado por revisar sus propios delitos, la condena efectiva a los perpetradores y la modificación real de sus intenciones por eliminar la vigilancia y admitir las diferencias de la composición racial y social de su población, media el vacío: "and people still go missing in Guatemala", dice uno de los artículos periodísticos insertos en *El material humano* (78).

Se trata de la *vigilancia*, entendida, según la citada definición de H. Jon Rosenbaum y Peter C. Sederberg, "When individuals or groups identifying with the established order defend that order by resorting to means that violate these formal boundaries [las fronteras, dictadas por el Estado, entre aquello que es y no es violencia]" (4). El Estado busca deshacer su participación en el mantenimiento de la violencia pues, como lo ha mostrado Beatriz Manz, el énfasis en la observación y el monitoreo que el Gobierno estimuló en la población a través de la persecución a los delitos menores y la creación de colaboradores civiles y las PAC (Patrullas de Autodefensa Civil), se convirtió en la institucionalización de una vigilancia sin control. En Guatemala, *surveillance*, la vigilancia popular, el tomarse la justicia con las propias manos para juzgar el derecho a la vida, y la observación, coinciden –el archivo, como policía secreta y como recolección de datos, coincide también–. No debe olvidarse que por años el grupo de la policía secreta, en especial los miembros que, con la ayuda cercana de las Fuerzas Militares, estaban encargados de custodiar y rodear al presidente, eran denominados *El Archivo* (Gutiérrez, *Hacia un paradigma* 61). El *continuum* de violencia es la herencia de una red extendida de colaboradores y observadores civiles que se manifiestan en la superficie de la sociedad como justicia popular (*Guatemala: Nunca más* 1).

El material humano pone así al descubierto la anonimidad descorporizada de la violencia post-archivo. Porque la nueva violencia no es la violencia de antes, la violencia de las fichas, la libreta de trabajo y la represión contra los delitos menores. No se trata tampoco de una territorialización que implica una nueva codificación de una axiomática de la legalidad y la ilegalidad –"el delito de sangre era ideal; la supresión de un prójimo constituía la más completa adhesión del ciudadano al Señor Presidente" (Asturias 209)–. No es una violencia que marca el cuerpo del individuo, ni se contiene en el cuerpo del dictador, ni se circunscribe a la economía de la cárcel o del archivo. No se trata de la carta, del informe policial o las instrucciones proferidas en la intimidad del dictador al policía secreto para que arreste a Cara de Ángel al llegar al puerto. Es una violencia que elude la sedentarización de la escritura, la presencia del archivo y del director de policía. La memoria escrita ha sido relegada a un depósito abandonado en el que el dictador, como fiera enjaulada, ha sido atrapado. El significado del archivo olvidado y dejado a merced de los elementos conjetura la ausencia o la inutilidad de acciones como recordar, examinar, contrastar, juzgar y evaluar. En el marco de *El material humano* se podría también decir que la violencia post-archivo es una violencia sin Benedicto Tun.

La labor de Benedicto Tun como director del Gabinete de Identificación se inicia en 1922 y termina en 1970, cuatro años después de que, en palabras del narrador, cesen los "presos políticos [y comiencen] los desaparecidos" (45). Tun, un ladino que ha olvidado la lengua de sus padres, es retratado con una entereza moral que contrasta con la copia cruel que el Auditor de Guerra hizo de los sucesivos funcionarios que ocuparon ese puesto durante el gobierno de Estrada Cabrera (*El Señor* 354, nota 49), en particular cuando el narrador descubre que la destitución de Tun devino por su negativa a dictaminar que el suicidio del candidato Mario Méndez Montenegro antes de las elecciones de 1966, podía dar pie al dictamen de un crimen político. Lo anterior condujo a que su hermano

La máquina dictatorial

Julio César, quien se proclamaba a sí mismo como el caudillo que volvería a traer la paz vivida durante el ubiquismo, se convirtiera en candidato y se hiciera con la presidencia (*El material* 108; Pinto Soria 91-9). Tun, funcionario que se esforzó por ofrecer dictámenes verídicos sobre los casos que se le encargaban, cumplió su deber defendiendo la primacía de la justicia; al llevar un registro de los vigilados y los delincuentes fichados por el sistema judicial, sin saberlo escribía la crónica de esos procesados, dejando para la historia la memoria de sus nombres, domicilio, familia, paradero actual, oficio y rasgos. La renuncia de Tun a su oficio, es decir, el cese de la clasificación del material humano por medio de la escritura, marca el comienzo de la ausencia de memoria, esto es, del inicio de los desaparecidos, convirtiéndose en el eje de los cortes históricos mencionados por Rey Rosa en su *excursus* inicial y en profeta de la violencia post-archivo. Su salida del Gabinete coincide con el inicio de un proceso que pierde su rumbo en un devenir de anonimidad e ignorancia sobre la identidad de los autores, las víctimas, los métodos y los fines.

El narrador se pregunta: "¿pudo ser éste un hombre 'decente' –en el sentido orwelliano al menos?" (101). La motivación inicial del protagonista –buscar los nombres de los artistas perseguidos por el Gobierno– una vez descubre las acciones del que fuera por cincuenta años el jefe de la División de Investigaciones Criminológicas de la antigua Policía Nacional, se amplía a la población en general, sobre todo a la de origen más humilde, luego de constatar que los crímenes descritos en el Gabinete son, en su actualidad temporal, como se ha explicado antes, los mismos que explican la desaparición de decenas de ciudadanos –la mayoría de origen humilde–. La actitud de Tun, a quien se siente estrechamente vinculado al sistema judicial guatemalteco, motiva al protagonista y narrador a continuar con su trabajo, obviar los riesgos de interponerse en los asuntos relativos a la naturaleza de las labores de vigilancia y observación del Estado contra sus ciudadanos y espiar a la policía –es decir, asumir funciones casi heroicas–, lo que contradice su prurito bohemio. "Una intuición: que el producto de mi trabajo de escritor podría ayudar a que el público no especializado conozca el Proyecto del Archivo, y a que la gente llegue a entender la importancia de un hallazgo como éste" (*El material* 87). Sus afirmaciones, en el espectro de una narrativa que se ha denominado "del cinismo", asombran por su candidez y sinceridad:

> Camino de la costa, le decía a B+ que otra de las razones por las que pensaba hacerme policía era que tal vez así podría seguir investigando libremente en La Isla, ya que no puedo hacerlo en el Archivo. Y también, seguí medio en broma, así podría contribuir de manera positiva a la lucha contra el crimen en el país. ¿Quieres convertirte en héroe nacional? –se rió B+. Me reí también y contesté: –No exactamente. Pero hay que ampliar las miras. Creo que sería un policía subversivo. (148)

Entre el narrador y Tun se establece un vínculo que redimensiona la visión del sujeto moderno en la obra de Rey Rosa a través de una reconfiguración de lo ficcional como simulacro, manifestado en la destrucción de la forma artística, y como violencia post-archivo, en un Estado cuya voluntad por fundarse a sí mismo de nuevo coincide con un simulacro.

Destrucción de la forma

La destrucción de la forma se manifiesta, en primer lugar, por la eliminación de cualquier lectura dispuesta a expandir las fronteras de la ficción más allá del documento no-ficcional, utilizando para ello la automatización entre el mensaje práctico-político y la forma literaria propia del testimonio, como lo señaló Kokotovic (15) –si bien, para esta autora, en *El material humano* este recurso es de orden paródico–. Sin embargo, por vía del testimonio, una forma canonizada de definir la literatura como práctica cultural tan relevante como cualquier otra, según John Beverly y su *Against Literature*, se elabora un programa literario tácito basado en la destrucción de la novela y la afirmación de aquello que verdaderamente la constituye. Por medio de la redacción de una novela que es un cuaderno de notas o la suma de libretas de apuntes que se llevan a medida que se realiza una investigación, y al afirmar que el autor de esos diarios es el mismo Rodrigo Rey Rosa que consigna los detalles de su visita a un archivo donde un grupo de empleados públicos ordena los folios en los que se depositan los datos y los cargos contra los individuos perseguidos por las fuerzas policiales guatemaltecas, la novela busca que el lector asuma la veracidad de lo narrado al subrayar la centralidad del método, esto es, de una investigación objetiva. En principio quiere que el espectador califique la novela que tiene entre sus manos como un texto no ficcional y la ubique en un universo donde está más cerca de un diario privado que de una obra con un valor estético.

En su intento, sin embargo, la novela contradice ese prurito objetivo porque, como obra, está constituida por el relato de otra cosa. En primer lugar, por la descripción de su configuración como novela y texto artificial. En segundo término, a través del relato de las contradicciones personales del protagonista, que incluyen tanto sus frustraciones como padre de familia, sus opiniones políticas e históricas, la intimidad de sus relaciones sentimentales, sus ambiciones como escritor, el comentario crítico sobre otras obras literarias y, finalmente, el *daydream*, figura mediante la cual Bloch ha agrupado esas utopías personales que suceden durante el estar despierto con la complicidad del yo –eliminar el crimen, ser "un policía subversivo", etcétera–.

Uno de los autores que el narrador de *El material humano* cita en sus diarios es Adam Zagajewsky (1945), el poeta y ensayista polaco que escribe un texto tan llamativo como "Instrucciones para la policía secreta", y que comparte varias circunstancias con esta novela. Luego de la caída del Muro, los archivos policiales donde se mantenía un récord de la estrecha vigilancia ejercida por la policía secreta polaca a la población se abrieron, pero, en palabras de Zagajewsky, solo "a crack" (71). De esos reportes, que ahora pueden ser leídos por cualquier ciudadano, opina que los investigadores que los escribieron en ocasiones procedían con "aspiraciones filosóficas" (Zagajewsky 71). La belleza, definida como un deseo de "escribir bien", deambulaba sin mayores dificultades en el discurso de aquel que vigilaba, mientras que en la realidad sus actos eran la concreción del terror –los agentes de la policía guatemalteca no estuvieron exentos de este complejo, como se puede comprobar al leer algunos de los pasajes de *Del silencio a la memoria* (115)–. ¿Cómo escribir una obra literaria monumental y estéticamente bella en los límites de un Gobierno que atenta contra sus propios miembros? Zagajewsky concluye: "I have already said that with writing one must limit oneself to notes, reports, instructions" (79). La voz armoniosa que emana de la escritura que presta su talento a espaldas de un régimen totalitario es la voz de una sirena que sonará "like those shouts and whistles and seductive arias that you know intimately as the sneering satanic expression of omnipotence" (80). La metáfora que traza la obra con esta inclusión es digna de mención porque vincula, de forma exagerada, dos espacios en apariencia disímiles en su misma configuración política (la Polonia comunista y Guatemala). Es una comparación que, sin embargo, no es solo producto de la ficción. Edgar Gutiérrez en su texto opina que "[l]a formidable influencia, el poder político y el control social que adquirieron los organismos de inteligencia militar en Guatemala son sólo comparables a los que alcanzaron sus similares en los países de regímenes totalitarios del Centro y Este de Europa hasta finales de la década de 1980" (18). Gutiérrez justifica lo anterior con lo que él denomina "un reinado de la D-2" o la Inteligencia policial que se manifestaba en la división ideológica entre comunista y anticomunista; el poder político del ejército desde 1963 hasta 1985; el uso de formas coercitivas extralegales como medio de resolución de los conflictos internos; la red de información creada al interior de la población y la tolerancia política ante los métodos de control usados por los militares y la impunidad (19; *Guatemala: Nunca más* 1). Jonathan Adelman argumenta también, con referencia a la policía secreta en la Europa del este, que la persistencia y el nivel de terror ejercido por la policía secreta en un país dependen del grado de resistencia de la población al régimen. "In those countries where the regime has achieved neither a revolutionary breakthrough nor an accommodation within the population, the secret police remain an omnipresent and powerful force" (278).

El material humano es consciente de la exageración y el exceso que caracterizan a la máquina dictatorial y de vigilancia, similar a la que describía el cuerpo del déspota en *El Señor Presidente*. Ese exceso está unido a la injusticia que se cierne en los ejes de repeticiones, cortes históricos, metáforas y metonimias: un sistema de justicia para el favorecimiento y enriquecimiento de unos pocos por medio de la normalización de la mayoría. La secuencia fragmentada de la historia de Guatemala en *El material humano*, revela la imposición de un proyecto de nación que necesitó la injerencia de un organismo de observación ilimitada que engendró a su vez un producto descomunal, esto es, el archivo, y sus millones de folios aún por sistematizar. La tentación para el autor implícito, en última instancia, consistiría en escribir una novela monumental sobre la máquina de vigilancia, con dimensiones proporcionales a la máquina dictatorial, de aspecto *ideal*, en el sentido que Deleuze le da al término, es decir, basada en concatenaciones, procesos y significados elaborados (*Anti-Oedipus* 66), es decir, un nuevo *El Señor Presidente*. Y la negativa a realizar esta empresa es, junto con la certeza de que una novela no puede aspirar a ser nada más que un cuaderno de notas, la segunda forma en que el autor implícito destruye la forma artística. Solo es a través de las contradicciones formales de la obra —representadas en las continuas interrupciones, lapsus e inconsistencias, en sus fracasos contados una y otra vez, en las citas incumplidas y en la indiferencia de la vida ampulosa que se describe ante la precariedad material de la memoria de las víctimas que reposan en el archivo y de las que son aún victimizadas después de su abandono— que la utopía del *daydream* alcanza el valor simbólico de la heroicidad del protagonista. La fragmentariedad y la contrariedad formal de *El material humano* representan una forma de suspender la belleza como objetivo de su programa estético —así el producto final sea en esencia una obra estéticamente bella—. Aquello que la obra ofrece frente al simulacro de una nueva idea de Estado es la destrucción de su propia forma artística, la pormenorización de eventos y realidades que nada tienen que ver con el archivo o el dictador y la negación a convertir en un exquisito baile de máscaras "la singular danza macabra de nuestro último siglo" (*El material* 14), es decir, su propio simulacro como literatura situada luego de un después, de una cesura.

Rey Rosa actualiza una pregunta que había sido respondida por Adorno al definir el término *commitment* en dos vertientes: la herencia sartreana que pregona el concepto como una precondición del compromiso político y social dentro de la literatura, y una postura disímil, aquella que se aleja de la reproducción del lenguaje de las víctimas para centrarse en la forma artística en sí misma. Adorno concluye que es la forma la que resiste "el rumbo del mundo, que continúa apuntando con una pistola al pecho de los seres humanos" (80). Puesto *El material humano* en relación con otras formas de arte como la representación visual, se puede concluir que la conexión entre la memoria y el olvido, o como lo distingue Gómez-Barris, "the complex interplay between memory and forgetting, appearing and disappearing, and truth and fiction that follows in the wake of violent regimes" (410), no se basa en la revelación directa de los abusos del poder, sino en una dialéctica donde el mostrar es tan importante como el ocultar –en esa dirección ya había apuntado Ortiz Wallner al poner de manifiesto "la ambigüedad de la relación entre memoria y olvido" en *Que me maten si…* de Rey Rosa–. *El material humano* es un texto donde la presión del autor implícito por destruir la forma novelesca, reducir el texto a los límites de un diario, subrayar su distancia con respecto a las víctimas y narrar su subjetividad problemática, fortalece la capacidad de convocatoria de la narrativa para celebrar la memoria de los opositores asesinados en el momento en que sus derechos como ciudadanos fueron suspendidos por causa de sus simpatías ideológicas. Como manifiesta Agamben citando a Felman y Laub, no es el contenido lo que convierte una obra de arte en testigo (en *auctor*), es "the equivocal, puzzling relation between words and voice, the interaction, that is, between words, voice, rhythm, melody, images, writing, and silence" (*Remnants* 25, 36). Son las contradicciones en la forma aquello que convoca y sirve como *euphemim* a la memoria de los fichados por la policía secreta.

En su aglomeración parcial, *El material humano* asume también características similares a las de un archivo, en cuanto enumera las secuencias históricas y les otorga un valor particular que permite su comprensión y manipulación (Foucault, *Archeology* 129-30). La lectura de la historia en la obra escapa a la luminosidad de un solo acto y recoge fragmentos de un pasado que se explaya en una superficie separada en dos grandes bloques, por un lado, la labor justa de Benedicto Tun en el archivo y, en un segundo momento, la violencia post-archivo. Y sobre esa superficie la convergencia incita otros flujos, todos los flujos posibles y todas las asociaciones posibles, interrumpidas una y otra vez para ser retomadas y olvidadas más tarde.

La máquina dictatorial

El final de *El material humano* se presenta, de nuevo, como un sueño utópico en medio de la vigilia. El lector encuentra al protagonista y a su hija construyendo en su intimidad un edificio con bloques de papel maché. *El material humano* se mueve en una dirección disímil a la estética del cinismo a la cual se le ha adscrito. El *cinismo* se encuentra en un plano metafísico similar a la *ironía* –y, en ese sentido, a la alegoría– en cuanto la expresión verbal en el nivel más superficial no posee ningún contenido. Aquello que se expresa está vacío del sentido literal. Solo puede ser entendido por un receptor que esté familiarizado con el contexto de la expresión y que por tanto cuente con la información suficiente para entender que lo dicho es irrelevante y que una significación escondida, situada más allá de la superficie de lo que se indica, es aquello que en realidad se dice. En cuanto la ironía establece una distancia en relación a su propio origen, se puede afirmar, como lo hace Paul de Man, que la primera renuncia a una "ilusoria identificación" del ser con el no-ser, produce el reconocimiento de la dolorosa conclusión de que el no-ser es efectivamente no-ser (207). El cinismo literario de Rodrigo Rey Rosa reside en que, en lugar de explicitar las determinaciones de la violencia estatal que ha surgido en Guatemala luego de los procesos de paz, a la cual en muchos momentos apunta, se dedica a hablar de otra cosa.

Pero es que, una vez la máquina dictatorial ha dado signos de descomponerse y añadirse a nuevas máquinas que le permitan su retorno, no puede volverse a ella siguiendo los requerimientos de la representación. El narrador ha decidido regresar a ella convirtiéndola en la repetición de lo diferente, es decir, como simulacro, por medio de la narración de su no-ser. Y solo existe simulacro si se habla de otra cosa, esto es, si se realza la diferencia y se resiste el ser –el retorno de lo Mismo–. Solo como simulacro puede la literatura que repite las partes de la máquina dictatorial convertirse en *euphemim*. A pesar del caos social encuadrado en la violencia post-archivo, las acciones de la persona soberana, fundamento de la Modernidad, pueden aspirar a la realización del cambio social. Su capacidad para actuar, viable en la intimidad del espacio personal, en el sueño utópico íntimo en el estar despierto, fundamentan su justificación histórica. Es sin duda un paso hacia la construcción de una estética que celebre la distancia reverente hacia las víctimas del conflicto guatemalteco.

Capítulo II

El monstruo bajo el agua:
Los felinos del Canciller de R.H. Moreno Durán

En el capitalismo, según Deleuze y Guattari, la represión primordial del deseo en el núcleo familiar no funciona como una ley universal cuyo poder y universalidad se acumula en la medida en que se retrocede hasta la sociedad primitiva, aquella en la cual el padre primigenio pronunció la prohibición fundamental: el incesto. Deleuze y Guattari creen que, considerado como mito, el Edipo tiene un valor comparable a cualquier otro –el poder del brujo, por ejemplo– y por ello abogan por ampliar el Nombre-del-padre no solo a todos los nombres posibles, sino también a todas las cosas posibles. La prohibición del incesto posee un valor mayor como síntoma que como enfermedad. Como se clarificará más adelante, más que ser una prohibición original que fundamenta los códigos sociales, el incesto se convierte en un umbral o límite que, de presentarse, pondría en evidencia una amenaza en contra de la supervivencia de la comunidad entera.

En tal sentido, para la aparición del déspota es necesario que el campo social y las alianzas entre las cabezas de los clanes se reduzcan. Es por ello que el déspota emerge, en algunos casos, desde lejos y con otro lenguaje. El déspota y su Estado primigenio son un producto de la decadencia de las alianzas previas que requieren un nuevo comienzo hecho de nuevas alianzas y nuevas filiaciones. La máquina dictatorial en Hispanoamérica, como creación artística en la novela y copia de diversos eventos políticos y sociales, comprende, además del sistema de vigilancia y escritura (la policía y el archivo) una más, la máquina burocrática, la maquinaria particular del Estado que le permite funcionar como tal. Es la procesión que persigue al déspota, de la cual hablan Deleuze y Guattari: "in place of the territorial machine, there is the 'megamachine' of the State, a functional pyramid that has the despot as its apex, an immobile motor, with the bureaucratic apparatus as its lateral surface and its transmission gear" (194). Dentro de esa máquina se establecen flujos verticales asociados a la representación del

Estado como ente individual, separado de la colectividad que le da lugar y, por efecto de ellos, surge una figura que sirve como metonimia del Estado: los embajadores. La repetición, alimentada por el exceso que deviene de la máquina dictatorial, se presenta en apariencia como resultado de los pecados y faltas que se le adscriben, como una forma de recomposición de la serie o como deseo de eliminar al padre y romper su monopolio legal sobre las relaciones que se suceden dentro de la familia. En realidad, la repetición encubre el deseo del surgimiento de un príncipe que cancele las alianzas previas, huya al desierto e instale una nueva alianza y una nueva filiación. En la base de la analogía familiar que le sirve de fundamento a *Los felinos del Canciller*, escrita por el autor colombiano Rafael Humberto Moreno Durán entre 1983 y 1986, y publicada en 1987, opera una triple reducción del campo social que no deja otro camino más que el del agotamiento del deseo. Y este agotamiento es el que precisamente reclama la presencia de un déspota.

Pero el "salto metafórico", trasladado a la novela, entre el Estado y la familia, entre el Estado y los embajadores, y finalmente entre el manejo del Estado y un sistema cerrado y complejo destinado a un grupo de iniciados, solo puede comprenderse en virtud de las conexiones que *Los felinos del Canciller* establecen con un libro de carácter utópico situado en su interior.

Simulacro como espectáculo

Loius Marin en su libro *Utopics*, refiriéndose a *Utopía* de Tomás Moro, afirma que el contexto social de la obra –una Inglaterra en crisis– sirve de telón en el cual se proyectan las descripciones e imágenes que componen ese otro texto, la descripción de la isla utópica. Situado "dentro" de la narración exterior, el espacio de la isla no es real, pero tampoco es irreal. Como unidad autónoma, la isla posee un estatuto diverso al convertirse en un no-espacio o término suplementario que escapa a la reducción de la síntesis.

La máquina dictatorial

> I have noticed that utopia, through its multiple and varied literary *spatial play* (historical narrative, travel narrative, description, illustrative narratives, etc.) is the textual place of production of a representative figure, of a picture within the text whose function consists in dissimulating, within its metaphor, historical contradiction –historical narrative– by projecting it onto a screen. (61)

El estatus ficcional de la descripción de la isla utópica como texto dentro del texto se asemeja al de una fábula cuya función es la producción de un movimiento moral en la consciencia del lector, más cercano al espectáculo que caracteriza la tragedia: "the fable furnishes a kind of space of representation in which contradiction can be figured and played out as a simulacrum so that it can be contemplated as an object of knowledge" (69).

El contraste entre espacio real y utópico crea un nuevo espacio, compuesto por las semejanzas entre la realidad afuera del texto y el espacio utópico dentro del texto. Al mismo tiempo, el narrador imprime elementos incongruentes entre ambos, rompiendo así las ataduras entre el espacio real y el espacio ficcional e invitando al lector a percatarse de las diferencias (Marin 197). El espacio suplementario creado, tan similar y tan distinto a la vez, eleva la consciencia del individuo. "Consequently, the utopic discourse appears as an ideological form of consciousness arising" (199). Marin también afirma también que por definición la utopía debe estar acompañada por una narración (199). Es por ello un espacio que evade las características de la copia como reproducción de lo Mismo e incluye así la reificación de la diferencia, es decir, el simulacro, pero en clave trágica, como exhibición que al proyectarse le permite al lector cambiar de percepción con respecto a las acciones dibujadas y el contexto histórico.

En *Los felinos del Canciller* tiene lugar una dinámica similar, si bien la descripción del viaje a la tierra utópica ha sido remplazada por un manual de orden utópico, para el cual la imagen y la narración son también centrales. Se trata de un libro de emblemas llamado *Idea de un Príncipe Político Christiano*, publicado en Mónaco en 1640 y escrito por el embajador y político español Diego de Saavedra Fajardo –también conocido como las *Empresas*–. En sus *Empresas*, Diego de Saavedra retoma una de las formas de publicación más características del renacimiento y el barroco, los libros de emblemas o *impresa*. En un inicio los *impresa* eran el resultado de la unión de una figura (*pictura*) con un epigrama o un motivo (*motto*) relacionados ambos por vía del sentido. Tenían una estrecha conexión con la heráldica y su inscripción obedecía a razones privadas como la victoria en un torneo o la consagración de un personaje importante mediante la asociación de su nombre a una imagen y a una frase. Por ello se habla de los *impresa* como "insignias personales". Cuando eran recopilados en volúmenes, no se organizaban según un tema común. En los libros de emblemas, una forma más elaborada y tardía de los *impresa*, la atomización en centenares de textos sin conexión se remplazó por publicaciones individuales de tema general. A su vez, mientras la empresa estaba dividida en dos partes, *pictura* o la imagen, y un epigrama asociado a ella, denominado *inscriptio*, el emblema agregaba otra sección más, una explicación de orden moral, llamada *subscriptio*, que relacionaba las dos partes precedentes.

Los emblemas surgieron en Milán por obra de Andrea Alciato en 1520 y en ellos éste dio cuenta de la situación social, política y económica de la ciudad, y al mismo tiempo refirió aspectos morales como los códigos sociales aceptados en las relaciones amorosas o el consumo prudente del vino. Con el paso del tiempo las empresas de Alciato fueron revisadas y editadas en distintos lugares y adaptadas a diversos públicos y su contenido se amplió hasta perder el sentido primero que le había sido dado por su autor. El barco a punto de hundirse y la esperanza de una solución próxima (*Spes proxima*) que en un principio representaba la ciudad de Milán siendo sitiada por fuerzas francesas y españolas, en las subsiguientes reimpresiones y traducciones pasó a referir París, luego el buen gobierno y finalmente, la condición humana (Daly 400).

Benjamin cree que la idea generalizada de que la alegoría, en su sentido moderno, es una relación entre una imagen ilustrativa y su sentido abstracto, es insuficiente y recomienda volver a "the authentic documents of the allegorical way of looking at things, the literary and visual emblem-books of the baroque" (*The Origin* 162). Y es que, como afirma también Daly, la unión entre la *pictura*, *inscriptio* y *subscriptio* plantea un desafío interpretativo, en cuanto el sentido del emblema como tal no reposa

La máquina dictatorial

en ninguna de las partes que lo componen sino que se encuentra en la suma de todas ellas. Por ello se habla del emblema como de una forma en miniatura de la alegoría (Daly 388), pero no de la alegoría cristiana y la sucesión de sentidos que le siguen a su interpretación (desde el literal e histórico, hasta el alegórico y moral), sino en relación a otro tipo de alegoría, más cercana a la alegoresis, una variante que se interpreta y se delimita a sí misma en la interacción entre la imagen y los sentidos que le adhieren la inscripción y la explicación. Como lo afirma Daly,

> As a miniature form of allegory, the emblem communicates simultaneously through words and symbolic pictures. These two different symbol systems collaborate in an encoding of meaning. The reciprocal cross-referencing of text and image in the act of reading suggests that the picture is more than a mere illustration of the text. And the text does not always repeat the visual codes, which depend for their effect on the ability of the reader/viewer to identify picture-content and recognize its inherent or assumed meaning. (338)

Daly introduce aquí un concepto central: la codificación. La interpretación que se hace del emblema no puede rebasarse a sí misma hasta alcanzar una generalidad tal que pierda su conexión con el sentido literal que le fue adscrito en un principio. La alegoría no puede deshistorizar aquello que en su origen le da cuerpo a tal punto que, como lo dice Benjamin al referirse al barroco, cualquier persona u objeto puede significar cualquier otra cosa (*The Origin* 175). La codificación deviene por la sujeción del significado a un "motif, figure or action, or the application to that signification" (Daly 388).

El propósito de las *Empresas*, como señala Saavedra Fajardo en su dedicatoria, es examinar la vida de los príncipes, condenar sus vicios y señalar las virtudes:

> Los Pintores, i Estatuarios tienen museos con diversas pinturas, i fracmentos de estatuas, donde observan los aciertos, o errores de los Antiguos. Con este fin refiere la historia libremente los hechos pasados, para que las virtudes queden por ejemplo, se repriman los vicios, i se advierta en las acciones con el temor de la memoria de la infamia. (2)

De tal modo, la función del texto utópico dentro de *Los felinos del Canciller* es doble. Por un lado, provee una singularización de eventos y actores a través de la alegoría, mientras que en segunda instancia, se convierte en código-ético que permite ejercer una labor crítica a la forma de gobierno que se describe en el argumento. En última instancia, la relación alegórica de las tres generaciones de la familia Barahona se convertirá tanto en el relato de su ascensión al poder como en el de su descenso a la infamia.

El contexto histórico del argumento de *Los felinos del Canciller* se presenta, en un plano narrativo situado al interior de la obra, con el ímpetu de la cesura: el asesinato del caudillo liberal Jorge Eliécer Gaitán un año atrás ha engendrado un enfrentamiento violento que se inicia bajo la forma de un tiroteo en el Congreso en 1949. El resultado de esta acción se radicalizará en una violencia generalizada en el campo colombiano, la presidencia de Laureano Gómez, la breve dictadura de Rojas Pinilla y el Frente Nacional. Pero en el plano histórico interno, siguiendo la lógica de Marin, habría que añadir uno más, los hechos situados al exterior del argumento, esto es, el contexto histórico de la obra durante los años en que fue concebida y la fecha de su publicación –en la *Utopía* de Moro, el contexto de la obra se incluye dentro del argumento–; en el caso de *Los felinos del Canciller*, el contexto histórico ha sido reconfigurado dentro de la obra por medio de su representación como un acontecimiento de importancia histórica contundente, disfrazado a través de la imagen de un país en vísperas de la catástrofe. El contexto próximo de la obra se sitúa en 1980, cuando el recurso al control militar gracias a la imposición del Estatuto de Seguridad, que de cierta forma contradecía las dos amnistías ofrecidas durante los cuatro años de gobierno de Julio César Turbay, no impidió el fortalecimiento de la guerrilla y la aparición de dos grupos que vinieron a modificar los alcances políticos conseguidos durante el Frente Nacional: los carteles de la droga y los paramilitares. Hacia 1984, la refundación de Estado como un encuentro entre clases y el reconocimiento de las profundas injusticias sociales que afectaban a Colombia, parecía posible. Belisario Betancur, presidente entre 1982 y 1986, había planeado un armisticio a los grupos alzados en armas que finalmente lograría que las diferencias fueran saldadas en una mesa de negociación. A finales de 1985, el cese al fuego había sido roto y poco después el conflicto se recrudecía

La máquina dictatorial

con la toma del Palacio de Justicia. Los carteles de la droga, a los que poca atención habían prestado los gobiernos anteriores, pasaban a ocupar un rol central y convertían en objetivos de guerra a importantes personajes de la justicia y la política, utilizando como protección una estrategia oficial ambigua que ni los condenaba ni los eximía. A lo anterior se sumaban los grupos paramilitares, con una larga tradición en la historia de Colombia. Su nacimiento como grupo legal en el gobierno de Guillermo León Valencia en 1965, se convirtió en una estrategia ilegal para los grupos de narcotraficantes que buscaban mantener ejércitos privados que los protegieran de la guerrilla (Kline 15-29).

En 1986, Virgilio Barco heredaba los problemas que sus predecesores no habían solucionado, lo que significó un recrudecimiento de la violencia a niveles incluso mayores a los que se habían elevado durante la época de Betancur. Kline anota que para 1991 los crímenes políticos en Colombia, en referencia a 1981, se habían multiplicado en un setecientos por ciento, las muertes en combate en un 1.400 por ciento y los secuestros en un 1.500 por ciento (185-86 cuadro 10.2).

El contexto histórico de Colombia en la década de los ochenta sirve de fondo sobre el cual se proyecta la temporalidad histórica del argumento —desde el ascenso conservador en 1886 hasta el tiroteo en el congreso en 1949 como antesala al desastre— en conjunción con el texto utópico, las *Empresas* de Saavedra Fajardo, que servirán de marco de referencia para el buen manejo del gobierno precisamente durante esta época de crisis. El autor implícito de *Los felinos del Canciller* aspira a que el lector, en el telón de la incertidumbre de los años ochenta en Colombia, prevea el rumbo que tomará la nación en virtud de los cortes históricos previos.

Reducción triple

El título de *Los felinos del Canciller* alude a la obra de Saavedra Fajardo, en referencia a la "Empresa 31", en la cual se observa que la imagen que se refleja de un león en un espejo quebrado resulta doble. "Lo que representa el espejo en todo su espacio, representa también quebrado en cada una de sus partes" (207). El espejo está quebrado en dos por el efecto que sobre él hacen la adversidad y la fortuna, pero ante ellas el Príncipe debe tener un mismo rostro. La cadena alegórica dentro de la obra, que se convertirá luego en un simulacro especular, comienza. En un primer momento, las Empresas transforman el rostro del príncipe en imagen del Estado: "Todo se perturba, i confunde, quando en el semblante del Principe, como en el del cielo, se conocen las tempestades, que amenazan la Republica" (211). En segunda medida, lo asemejan al pueblo, y más tarde, a los embajadores. "No solamente por si mismo se representa el Principe espejo à sus vasallos, sino también por su estado, el cual es una idea suya [...] Son también partes principales deste espejo los Embajadores, en los quales esta sustituida la autoridad de su Principe" (214). Los embajadores, partes en el engranaje de la máquina burocrática, establecidos como flujos filiales, pasan a ser representantes del príncipe y por tanto del Estado mismo. Pero, a su vez, en el contexto de *Los felinos del Canciller*, los embajadores han sido circunscritos al ámbito de una familia, la cual está caracterizada por una ahistoricidad solo explicable como espectáculo basado en el exceso y la exageración.

Como efecto de una primera reducción de la generalidad del Estado a la particularidad de una familia de embajadores, engendrados en un esquema de sustitución de poder y dignidad, el argumento de *Los felinos del Canciller* se centra en la historia de tres de las generaciones de los Barahona y su trato con las instituciones políticas y el sistema legal en Colombia luego de una de las más influyentes interrupciones sincrónicas de la máquina despótica en la diacronía histórica del país. Se trata de la Regeneración (1886-1899), la cual redactó una nueva Constitución que suprimió las reformas liberales y federales de 1863, y estableció una nueva axiomática caracterizada por la institucionalización de un conservadurismo a ultranza, la centralización de la política y la imagen del ciudadano ideal. Como aparición fulgurante del déspota y su máquina burocrática, Rafael Núñez y Miguel Antonio Caro cancelaron los códigos previos, establecieron nuevas filiaciones y recodificaron las antiguas por medio de un proceso de sobre-inscripción que limitaba el poder del presidente y prevenía su instalación indefinida en el poder —es decir, disipaba el riesgo de la aparición de otro déspota que deshiciera los códigos implantados–. En el momento en que la clase política colombiana no pudo obviar los desafíos de la modernidad, en lugar de optar por propuestas liberales que radicalizaran las ideas del contrato social manifestadas en la secularización y la apertura de las fronteras al capital extranjero, ésta se volvió al pasado, a la herencia hispánica, la lengua española y la religión católica (Granados 11). Es lo que José María Rodríguez-García ha descrito como la entrada de una clase política compuesta por "religious fundamentalists aimed at burying the *pactum translationis* alive and resurrecting the Old Regime's defunct *translation imperii*" (2), para la cual el gobierno estaba reservado a aquellos que contaran con méritos intelectuales –Caro abolió la ley liberal de 1870 que garantizaba educación gratis, universal y obligatoria, convirtiéndola en 1886, en voluntaria y católica–. Si se había de buscar un pasado con el cual forjar el futuro de la república, la mirada no se dirigió al pasado inmediato y a la herencia liberal, sino a la presencia de una tradición hispánica prístina, lo que a su vez se manifestó como un proyecto literario: el costumbrismo (Rodríguez-García 4, 11).

En la imposibilidad de regresar a la alianza anterior hace su aparición el primero de los Barahona, Gonzalo, quien a los 28 años descubre que

> Política y filología fueron en este país la misma cosa: en el principio fue el verbo y el verbo se hizo con el poder [...] El joven doctor Barahona ya había hecho sus primeras salidas públicas sin comprometerse jamás –esa fue su inalterable norma y siempre se le manifestó sabia– y desde el primer día estuvo protegido por los presidentes gramáticos. (*Los felinos* 85)

Pero, en medio de la alianza recién instaurada, la codificación antigua persiste, aunque limitada y custodiada: "The old inscription remains, but is bricked over by and in the inscription of the State" (*Anti-Oedipus* 196). Gonzalo Barahona fue prueba de esta oposición entre códigos nuevos y antiguos, pues solo fue debido a un cargo previo en el gobierno liberal que heredó gracias a su nueva adherencia al conservatismo –tal como lo hizo Rafael Núñez–, que estuvo en capacidad de devolver a la Iglesia la potestad única sobre el matrimonio y los cementerios que le habían sido confiscados en la Constitución de 1863. Estas acciones facilitaron la nulidad matrimonial con su primera esposa, Teotiste, luego de convertirse en embajador en Londres y conocer a Leslie-Anne, a quien toma por su segunda esposa.

En segundo lugar aparece su hijo Santiago, quien como resultado de la participación de Gonzalo Barahona en la IV Conferencia Interaliada en Buenos Aires en 1926, en la cual presentó temas relacionados a la teoría de la diplomacia, le consigue un nombramiento como Canciller ante la Santa Sede en 1926 (Moreno Durán 146-47). En Félix, hijo de Santiago, se agrupan una serie de contradicciones que lo convierten en un personaje de carácter híbrido. Su representación exterior coincide con la iconografía del artista primitivo y de hecho es aficionado a la poesía, pero como forma de sostenimiento y para contradecir las expectativas de su abuelo, elige estudiar matemáticas para ser nombrado después contable en el consulado colombiano en Santo Domingo y, más tarde, como *attaché* en la embajada de Nueva York.

En esta primera reducción del Estado a la familia pervive el intento de convertir la alianza y la filiación en máquina célibe, dos formas por definición contradictorias de influencia del deseo en el *socius* o, lo que le es equivalente, de demostrar que la filiación jerárquica se basta a sí misma sin necesidad de la participación de la alianza, entendida como la adopción de lo diverso y contrario –de la diferencia–. Esto, por supuesto, representa una reducción total del campo social, pues al situar al Estado y la familia en una misma relación no metafórica sino metonímica, como si fueran dos instituciones sustituibles, se olvida que el Estado está marcado por un sistema de relaciones más complejas que el nombramiento por simpatía o afinidad ideológica.

La posición jerárquica sin duda está influenciada por una acumulación de capital simbólico –"new entrants without capital can make an impression on the market by proclaiming the values in the name of which the dominants have accumulated their symbolic capital" (*Rules of Art* 149). Pese a esto, en el nombramiento burocrático, como forma de compensar favores o satisfacer deudas políticas, también se interponían uniones, leyes, dinámicas e intereses económicos, y cortes y líneas que aún reflejan las contradicciones heredadas del proceso de colonización

(*Anti-Oedipus* 168). En *Los felinos del Canciller*, sin embargo y a la misma vez, esta reducción se resuelve a sí misma como una alegoría que inyecta un exceso de sentido al concepto de Estado, representando la máquina burocrática como una institución tan estable y autosuficiente como las generaciones familiares y sus relaciones de consanguinidad –lo cual es a su vez discutible, pues como afirman Deleuze y Guattari, en toda familia existen cortes y rupturas–; la idealización de la familia es un producto de la imposición del Edipo como *el* mito fundamental, desconociendo las dinámicas exteriores que no dependen exclusivamente de ella y que la afectan de forma irremediable, por ejemplo, catástrofes, enfermedad, escasez, dictaduras, etc. (*Anti-Oedipus* 97).

Pero se habla, en todo caso, de un esquema ideal de concepción de las relaciones dentro del Estado como extensión de los vínculos familiares que retrocede hasta Platón, para quien en la *República* cada Guardián debía mantener las relaciones de parentesco como referentes de conducta y de relación con los demás miembros de la comunidad (Schochet 20-30). La posición de Aristóteles en su *Política*, quien en última instancia servirá de base al pensamiento tomista, es aún más radical, al presentar la autosuficiencia de la casa y la familia, y la unión de diversos núcleos familiares, como el fundamento de la polis, si bien, en un horizonte más histórico que moral, es decir, no como justificación de poder (20-30). Esta idea, promulgada también por Santo Tomás, encontrará un abanderado en Marsilio de Padua y solo será rivalizada en el renacimiento por Erasmo, quien imaginó al reino como una gran familia liderada por un padre simbolizado en la persona del rey: "The good prince ought to have the same attitude toward his subjects as a good paterfamilias toward his household – for what else is a kingdom but a great family?" (Schochet 30).

La idea de familia como reducción de las relaciones del Estado, representa también una estrategia que actúa en conjunción con la colonización, al abolir las relaciones basadas en el cacicazgo, junto con muchas otras de orden mágico y natural, para imponer la paternidad como relación única y fundamental. La familia fue, desde el proceso colonizador español en las tierras recién descubiertas, una manera de justificar la doctrina de sujeción al rey. Hans-Joachim König ha demostrado que tanto a finales del siglo diecisiete como durante el proceso de independencia de las colonias españolas, la referencia a la familia como figura de legitimación del poder político fue un recurso extendido. Así, por ejemplo, la idea del "padre Rey" era un lema particular de los borbones para justificar su poder desde el derecho natural, echando mano del origen divino de la familia y neutralizando la influencia foránea del contrato social, que ponía en riesgo esa misma sujeción (König 208). El sometimiento de los súbditos de las colonias al Rey que habitaba en la metrópoli era similar a la obediencia que los hijos le debían a su padre (209). Del mismo modo, la imagen de la familia también fue una forma de justificar el levantamiento de las colonias. España se representaba en la literatura circulante luego de 1810, como en el caso de los textos escritos por Antonio Nariño o Pedro Fermín de Vargas, como una "Madrastra codiciosa", a los americanos se les llamaba "entenados" y a América como al hijo que alcanzó la mayoría de edad y por tanto no debía sujeción alguna a su padre (König 205-8).

Esta contradicción, basada en la reducción y el empobrecimiento, y en el exceso que se le imprime a la máquina burocrática en función de una estabilidad virtual e ideológica, sin duda se manifiesta como un elemento problemático en *Los felinos del Canciller*. Marco Palacios da cuenta de las complejas relaciones que existían a finales del siglo diecinueve entre las familias Caro, Marroquín o Sanclemente, por mencionar solo tres de las que participaron directamente en los gobiernos de finales del siglo diecinueve y comienzos del siglo veinte. La existencia de una familia que protegía su posición privilegiada en el poder a través de su participación en discusiones relativas a la gramática, no es más que una caricatura. La idea de que en la Colombia de la Regeneración y la hegemonía conservadora el poder intelectual se manifestaba como poder político, en especial cuando el primero coincidía con el conocimiento de los clásicos griegos, el buen hablar y el buen criticar las obras literarias escritas por la oposición, funcionaba hasta un cierto punto –el almacén siempre fue una alternativa estimada, hasta por los generales de la Guerra de los Mil Días, entre la clase política bogotana de principios del siglo veinte (Palacios, "La clase" 155)–. La desconexión de los Barahona con los tejemanejes políticos de los gobiernos desde 1886 hasta 1953, las alianzas políticas, la entrada de grandes capitales a finales de la década de los veinte, el clientelismo – definido como la redistribución de la riqueza de la nación no por vía directa del funcionario estatal, sino por medio del intermediario que compra los votos– y la asunción del poder liberal en 1930, es impensable desde una lectura histórica de los gobiernos conservadores de la época a la cual se refiere *Los felinos del Canciller* (Palacios, "Una memoria" 211; Urrutia 376). A su vez, era normal que el personal de las embajadas variara de forma irregular y continua, y la movilidad social de jóvenes figuras procedentes de la provincia se diera a través de la asunción de cargos y candidaturas en los partidos políticos tradicionales, no de sus conocimientos de griego.

Una contradicción que se manifiesta a su vez como repetición. La asimilación del Estado, especialmente del Estado colombiano a la pervivencia de una familia se convierte en una nueva reducción, sumada a la anterior, esta vez de las críticas comunes que lo reducían a "unas familias", por ejemplo, en las realizadas por el venezolano Laureano Vallenilla Lanz. Desde 1912, el autor describió al sistema político colombiano poniendo de relieve la presencia de un mismo grupo de familias en las capas más altas del poder y del papel central jugado por la iglesia, a punto de llamar a Colombia un "sistema teocrático" –a diferencia de Venezuela, en la cual la guerra de independencia y la guerra federal, habían diezmado la vieja clase dirigente, cuyo lugar, en última instancia, había sido ocupado por los caudillos–. La respuesta de Eduardo Santos, en dos artículos publicados en *El Tiempo* en 1920 no convencieron a Vallenilla Lanz, el cual, en su réplica, se manifestaba aún más enfático en su cuestionamiento a la naturaleza del poder político en Colombia:

> ¿Serán las cien familias que desde la independencia vienen figurando en el Gobierno constituyendo las dos oligarquías que se han discutido el poder, llamándose liberales y conservadores? [...] sus poetas, sus gramáticos, sus oradores insignes, ¿supieron consolidar la unidad nacional? (*Obras* 284-285)

La crítica literaria también ha acudido a la idea de regreso y repetición de la alegoría familiar al situar a *Los felinos del Canciller* en una estela de obras previas, colombianas así también como hispanoamericanas, que utilizan la familia como medio de exposición de las contradicciones en el manejo del Estado, por ejemplo, en el caso de Gutiérrez Girardot, al relacionar *Los felinos del Canciller* con obras como *Casa grande* (1908) del chileno Luis Orrego Luco, *La selva oscura* (1924) del colombiano Emilio Cuervo Márquez y *Un mundo para Julius* (1974) del peruano Alfredo Bryce Echenique ("La crítica" 70). A la lista también podría sumársele *Los elegidos* (1976) del expresidente colombiano Alfonso López Michelsen.

La reducción del Estado a *una* familia solo puede entenderse como producto de la imposición de una identidad normalizada, a la vez que una nueva reducción, que aunque proclama los valores del mestizaje, define al ciudadano ideal como un sujeto con cualidades también ideales –habita en la capital, de habla castiza e incontaminada, blanco, educado, sofisticado–. En este punto opera entonces una nueva reducción, una nueva vuelta de tuerca, que se une a las dos reducciones anteriores, la primera, de orden del significado y la segunda, de orden metafísico. La clase social con aspiraciones políticas se acopla a la nueva alianza de la Regeneración creando la "aparente victoria del *cachaco*", es decir, la oficialización de las prácticas culturales del grupo social de clase acomodada de la capital (Palacios, "La clase" 178). Si bien Cuervo, Caro, Marroquín o Vergara y Vergara no fueron magnates, su prestigio estaba ligado a los valores promulgados por esa clase, la primera en acomodarse, en especial por proceder de familias vinculadas de forma directa con el gobierno colonial del imperio español –el bisabuelo de Caro fue, por ejemplo, Francisco Javier Caro, quien llegó al Virreinato en 1774 como protegido del virrey Flórez y en 1782 ya era un oficial importante del gobierno (Deas, "Miguel Antonio Caro" 41).

En *Los felinos del Canciller*, Gonzalo Barahona define esta reducción de forma que el modo de hablar se convierte en una distinción ética: "la obsesión del colombiano por hablar como los dioses encuentra su complemento en ser legal" (90). Rufino José Cuervo en sus *Apuntaciones críticas sobre el lenguaje bogotano* afirmaba algo similar al decir que

> En Bogotá, como en todas partes, hay personas que hablan bien y personas que hablan mal, y en Bogotá, como en todas partes, se necesitan y escriben libros que, condenando los abusos, vinculen el lenguaje culto entre las clases elevadas, y mejoren el chabacano de aquellos que, por la atmósfera en que han vivido, no saben otro. (Deas 39)

La diplomacia, como metáfora del manejo de las cosas del Estado, en el contexto de la obra y gracias a la triple reducción que efectúa, se convierte en un lenguaje para iniciados, de forma similar al nuevo estado de cosas surgidas después de la Regeneración, donde el ejercicio de la política mantenía sesgos de clase. "Ceremonias, etiquetas, formas superdepuradísimas y complicadas: un oficio para ir todo el día con intérprete" (*Los felinos* 190).

Sobre esa distinción, definida como reducción ulterior, opera en *Los felinos del Canciller* el desdén de los Barahona por la provincia. El prejuicio racial en la novela se confunde con la deificación de la capital, centro de una nación ideal –aunque la nación real permanezca dividida, hasta bien entrado el siglo veinte, en ciudades intermedias que disputaban la primacía política de Bogotá (Posada Carbó, *La nación* 103). Las matemáticas de Félix están reservadas para los negociantes de provincia que no pertenecen al centro del poder –"los comerciantes de Antioquia, para los judíos o para los que construyen puentes pero no para gentes de la Carrière" (183). El liqui-liqui que un funcionario consular lleva a una ceremonia y su acento "de Valledupar" (136), rompe todo protocolo. La segunda forma del singular de una amiga de Félix oriunda de Marinilla (184), son blanco constante de burlas.

La preferencia por "hablar bien" representa aquello ya evidenciado por Anderson en *Imagined Communities*, el extremo interés por la corrección gramatical que caracteriza a la periferia en su deseo de emular el centro (Anderson 67). La referencia de esta clase y estos personajes al hispanismo serán una forma concreta, no solo de control político por medio de una idea de centralización del gobierno, sino de una doctrina política destinada a idear el ciudadano ideal y el gobernante perfecto. Es un desdén que apoya, en última instancia, la reducción del Estado a la capital, y el ciudadano ideal a un sujeto que pertenece a una clase social determinada y a una raza particular. Bajo la disyuntiva capital-provincia se esconde una más profunda, reflejada en la oposición blanco-no blanco / civilizado-bárbaro, en la que los valores asociados también se contraponen: centralismo, buen hablar, educación, valores familiares y elegancia se contraponen al provincialismo, ordinariez y rudeza.

La manifiesta preferencia por la blancura de razas se expresa en la obsesión de Gonzalo por la blancura de piel. En *Los felinos del Canciller* la extranjera Lesley-Anne, quien contrae segundas nupcias con Gonzalo luego del repudio de su esposa Teotiste, es sinónimo directo de elegancia y distinción. Lesley-Anne, en ese esquema de lo positivo y negativo asociado a la raza es imagen de lo deseable (lo positivo). Cuando Gonzalo funge de embajador en Madrid, Lesley-Anne se convierte "en uno de los mayores atractivos a la hora de hacer recepciones" (139). Su presencia, en última instancia, está ligada a la consolidación final de los Barahona en el mundo político colombiano: "Con ella comenzaba otra época [...] la época de la ascensión definitiva" (151). En la lógica del blanqueamiento, Lesley-Anne será el vehículo que le permita a los Barahona su afianzamiento en el poder, en una práctica social que recuerda su importancia para los caudillos del siglo diecinueve a la hora de formar alianzas. Sin embargo, el texto no deja de señalar que se trata de una visión ficcional y estática, que solo produce un ascenso vertical: "es en los álbumes de las señoritas más hermosas de la capital donde se esconden las verdaderas razones que mueve nuestra historia patria" (115). Algo similar anotaba Alcides Arguedas en su relato sobre los diversos reinados de belleza a los cuales fue invitado durante su estancia en Bogotá cuando, asistiendo a un evento de este tipo en su primera noche en la capital, es testigo de las gruesas sumas de dinero que los invitados depositan con el fin de favorecer a las candidatas. En medio de una ciudad que Arguedas reconoce pobre y en ocasiones miserable, encuentra que a "la adorable rubia de sonrisa enloquecedora" un hombre gira un cheque por siete mil dólares (746). En última instancia, repetición.

Como refiere Wade en *Blackness*, en el sistema de castas al que alude la referencia al "castellano viejo", a pesar de la mezcla racial temprana –para 1778 los indígenas eran solo el 16 por ciento de su población–, lo blanco se asemejó con lo superior y positivo, y a lo negro se adscribieron características de orden inferior y negativo (8-9) –también en la abominación del trabajo material que caracteriza a los Barahona–. Así por ello en el Chocó, donde hubo un claro dominio de lo blanco sobre lo negro, la percepción general de la población colombiana está aún contaminada por imágenes negativas. El Chocó se representa como un lugar selvático, impenetrable, malsano, pobre y sucio. Antioquia, al contrario, en donde existió una purga de lo negro para ser convertido en blanco, se asocia con la riqueza, la pequeña empresa y los valores propios de la familia (8). La creación del mestizo como ciudadano ideal supuso abandonar la concepción, heredada del dominio español, de que hay tonos más claros –es decir, más blancos y más puros– en los que el mestizaje se manifiesta; mientras más blanco se sea y más cercano se esté a la cultura oficial aceptada como patrimonio de lo blanco, el mestizaje será más deseable y superior (11).

En lo que Wade denomina una *puesta por escrito* de la idea de raza por parte de las élites, éste narra que tanto José Eusebio Caro como José María Samper en 1887 y, posteriormente, Laureano Gómez, hablaron de la necesidad de eliminar los elementos negros e indios de la población por medio del blanqueamiento (14). Alcides Arguedas relata que su primer encuentro con Colombia estuvo mediado por la descripción de Laureano Gómez sobre el país, en la cual decía que "Ni por el origen español ni por las influencias africanas es la nuestra una raza privilegiada para el establecimiento de una cultura fundamental ni la conquista de una civilización independiente y autóctona" (724). Wade concluye que el mestizaje no es más que una estrategia retórica para construir un territorio neutral en el que la raza blanca, la africana y la indígena, se conciban dentro de un esquema no jerarquizado. Pero esa neutralidad garantiza la emergencia de una nación mestiza más cercana a lo blanco (18). En sus propias palabras, "[t]his possibility of seeing in nationalist discourse about race mixture both a celebration of mixture and a discrimination against blacks and Indians is a characteristic of the contradictory coexistence of *mestizaje* and discrimination in Colombian society" (19).

Incesto como agotamiento

En la comunidad primitiva basada en la propiedad comunal de la tierra, el deseo era una forma de acción directa en el *socius* por el cual los jefes de los clanes tomaban las decisiones relativas a las alianzas de acuerdo con un código que se aplicaba a cada situación. Para que la filiación tuviera lugar, debía existir una previa unión entre dos términos diferentes por medio de una alianza lateral. El código estaba dirigido a garantizar la unión de lo diverso. Los grupos primarios al reunirse y negociar los matrimonios reconocían la perversidad de una unión entre clanes iguales, pues más que estar dirigidas al vínculo entre hombre y mujer, sus negociaciones unían por esencia a dos familias (165). "A kinship system is not structure but a practice, a method, and even a strategy" (*Anti-Oedipus* 147). Si la madre representaba la línea de la filiación, la hermana personificaba el campo de la alianza, pues era ella quien se unía a un miembro de otro clan garantizando así su permanencia y estabilidad. Pero si el deseo social se agotaba a causa de una reducción en la esfera de posibilidades que permitía el establecimiento de nuevas coaliciones, el deseo corría el riesgo de arrinconarse en los límites de la familia y abandonar los códigos que le permitían acceder al campo social. Deleuze cree por ello que el incesto es un límite –desear la madre o la hermana pensando que es posible ampliar las posibilidades del clan o garantizar su estabilidad por medio de la unión de lo idéntico en la cadena de filiaciones–. "Since familial reproduction is not yet a simple means, or a material at the service of a social reproduction of another nature, there is no possibility of reducing social reproduction to familial reproduction" (166). El incesto es entonces deseo desfigurado que señala el agotamiento de la oferta de alianzas en el campo social y su viraje hacia los nombres de la familia.

En el caso de *Los felinos del Canciller* la primera reducción del Estado a la familia, que operaba sin riesgo alguno en la esfera de la alegoría, se convirtió en una peligrosa alternativa a causa de dos reducciones sucesivas que la convirtieron en un grupo estrecho ligado por vínculos sanguíneos con características muy particulares de raza y clase. Restringido exageradamente, el deseo pasó de ejercerse en el campo social, para volverse adentro, al nombre de la hermana. En *Los felinos del Canciller* la necesidad de apartar a los dos hermanos del incesto se convierte en una narrativa que atraviesa la totalidad del argumento, especialmente en las digresiones mentales de Félix, para quien cualquier evento que guarde relación con su hermana se convierte en un pretexto para hablar de ella:

"Y fue al observar el brazo tatuado cuando Félix recordó algo que había olvidado por completo. Poco antes de casarse Félix recordó que Angélica le pidió a Velarde que se tatuara en el hombro su nombre y un pájaro" (304). El padre hace de Félix su recadero personal a fin evitar la posibilidad del encuentro de ambos en solitario, luego de un episodio en el cual los encuentra en "juegos comprometedores" en el desván: "ya a solas con su hijo, lo miró con una especie de odio y sin mediar explicación alguna le dijo Consíguele [sic] pronto un marido a tu hermana a ver si se puede tapar a tiempo tod[o] esto[o]" (309). La separación se radicalizará con el viaje de Félix a Nueva York y su posterior designación como empleado financiero del consulado colombiano en República Dominicana. "[E]n ese lugar [Santo Domingo] había echado de menos a Angélica por primera vez y aunque el abuelo se empeñaba en involucrarlo en asuntos oficiales, no se le escapaba que en el fondo lo que la familia quería era poner tierra entre él y la hermosa muchacha" (11). También resulta llamativa la forma en que el abuelo decide "poner tierra" entre ellos, pues, lo hace precisamente acudiendo al matrimonio de Félix con una pariente lejana de apellido Barahona, con lo cual cumple uno de sus sueños, garantizar la pureza de sangre por medio de una relación endogámica.

El relato del incesto en la obra no describe su consumación plena, sino solo contemplación y penetración, por el tacto, del cuerpo de la hermana, quien tiene un acceso de tos pero responde a los avances de su hermano (353-54). Esto contribuye, en última instancia, a aumentar su carácter irrepresentable: "Félix aumentó la presión de los dedos y cuando advirtió que Angélica participaba de la comunión que acababa de invocar, que se conmovía presa de un rapto inédito pero que creía familiar, ella se llevó las manos al pecho y alcanzó a enderezar la cabeza a tiempo de expulsar un violento vómito de sangre" (353-54). Lo que se impone en medio de la consumación, esta vez, no es la represión del padre, el poder de la ley o los escrúpulos del hermano o la hermana. Lo que se impone es un elemento cuyas raíces se hunden en la alegoría manifestada como enfermedad, construida también con base en una exageración que reside en su profunda atemporalidad y ahistoricidad.

La manera en que la enfermedad de Angélica es descrita en la obra es del todo anacrónica, porque reaviva el interés que suscitaba en el pasado –Susan Sontag afirma que la consunción hizo interesantes a sus pacientes, vocablo que en un origen definía lo romántico (31)–. En la Inglaterra victoriana la tuberculosis estaba relacionada con los hábitos más lujosos de la clase pudiente, como el licor y el buen comer, tal y como lo ha demostrado Clark Lawlor en su estudio. También era síntoma de una gran sensibilidad, pues existía una convicción previa de la enfermedad, heredada de Novalis y el romanticismo alemán, como un estado superior de conciencia. Estar enfermo de tuberculosis era cualidad de artistas y miembros de la clase alta (Lawlor 51-5). Pero en Colombia en 1940, ¿qué base trascendente tiene la enfermedad de Angélica a no ser el simple hecho de que, efectivamente, pudo haberse contagiado de tuberculosis? A pesar del desarreglo temporal entre la tuberculosis y el medio social e histórico en el cual se ubica *Los felinos del Canciller*, para el narrador la enfermedad de Angélica es deseable. Era "una enfermedad chic que sólo tenía el lado flaco [...] y era el paulatino hedor que se apoderaba de su aliento" (252). De lo contrario, la tuberculosis representaba todo lo que las mujeres deseaban: "el ardor, los afanes, ese encenderse hasta morir consumida por el propio fuego" (252). La consunción "ponía al descubierto una morbidez atractiva y elegante, seductora: los ojos encendidos como brasas, los labios hinchados y rojísimos" (252). La enfermedad le otorga a Angélica evidentes características como un ser hipersexuado, lo que justifica la atracción entre ambos, su separación y la parcial consumación del incesto.

La muerte de Angélica, si bien es una conclusión previsible, termina de sellar el destino de la familia en *Los felinos del Canciller*. Aunque casada por conveniencia, la hermana muerta representa la inutilidad del campo de la alianza, ahora tampoco factible de ser expresada de forma vertical en la línea de la filiación. Es una enfermedad, a su vez, construida sobre la redundancia que caracteriza la unión entre hermanos de la misma familia, como ya desarrolló Doris Sommer. En *María*, el amor entre lo idéntico no es vehículo para crear una nación, por lo cual la enfermedad de la protagonista aparece no solo como un impedimento romántico que contraría la trama amorosa, sino como un real obstáculo a la representación de lo que en principio es irrepresentable (*Foundational* 183).

Formosa superne: el monstruo bajo el agua

Los felinos del Canciller retrata un medio angosto y estrecho, llevando a su punto más álgido el tópico de la máquina burocrática, instaurada por el déspota, agotada en su linaje vertical, cuando el deseo se deforma representando la imposibilidad de las alianzas. Para ejercer una crítica a ese sistema agotado, el autor implícito echa mano de las *Empresas* a través de la escena titulada "Desinit in piscem mulier formosa superne", y que alude a la sirena, cuya parte superior muestra a una mujer que bajo el agua oculta su cola de pez. Se trata de la representación de un monstruo, mitad ser humano, mitad animal, cuya voz, cuando es escuchada, invoca el desastre. A su vez, esta empresa retoma un emblema anterior compuesto por Andrea Alciato en su segunda época, cuando su *Emblemata* había sido publicada en Augsburgo en 1531. En la nueva edición, la sirena había sido remplazada por el hombre sabio sin escrúpulos. En *Emblematum libellus* publicado 1546 en Venecia, la *pictura* retrata a una criatura con torso de hombre y cola de dragón. La *inscriptio* reza: "Sapientia humana stultitia est apud Deum" (la sabiduría humana es estupidez para Dios). La *subscriptio* describe la figura y al final revela un sentido moral, en cuanto retrata al hombre inteligente que no tiene religión como un monstruo –un hombre que a pesar de su sabiduría no ejerce una labor redentora en el mundo–.

Sobre esta empresa Gonzalo opinaba, copiando textualmente la primera parte del original de Saavedra Fajardo, que en ella se resumía la dinámica de la diplomacia, y por extensión, del sistema político ideal centrado en la obsesión por el buen hablar y las buenas maneras: "Lo que se ve en la sirena es hermoso; lo que se oye, apacible; lo que encubre la intención, nocivo, y lo que está debajo de las aguas, monstruoso… ¿No es esa, precisamente, la misión diplomática? ¿Qué hay debajo de tanta ceremonia, qué esconden tantos lujos, sonrisas y protocolos?" (177). Si la alegoría inicial vinculaba al Estado con los embajadores, la imagen de

Estado que proyecta *Los felinos del Canciller* es de ceremonia artificiosa e inútil, comprensible solo para iniciados. La contraparte del ascenso de los Barahona se convierte entonces en la descripción de su familia "en constante decadencia" (264). De tal forma, *Los felinos del Canciller* se transforma en la especificación de los sucesivos actos de infamia de la cual la familia Barahona ha sido autora.

La gramática y las investigaciones filológicas, que se materializan en el interés de Gonzalo por encontrar las ediciones perdidas de las Empresas de Saavedra Fajardo y sus polémicas con un gramático de apellido Gavidia, se resuelven por parte de Félix en un trasfondo similar al de la ignominia oculta en la integridad aparente: reconociendo el error del abuelo, inventa los datos de una publicación en Maguncia, pide un sello a la bibliotecaria, que es en última instancia el que le da el *nihil obstat* a lo investigado, y envía la copia a su abuelo, quien publica los datos de su nieto en los periódicos (48). Gavidia, empujado a la pobreza, se suicida al poco tiempo en una pensión: "habían encontrado el cuerpo famélico del anciano colgado de una de las vigas del techo de una mísera habitación de alquiler en las Aguas" (158). El valor de la escritura no reside en la identidad consigo misma, ni como metáfora reveladora y nueva, ni como prosa iluminadora o explicativa. La palabra escrita, como el torso del hombre inteligente sin escrúpulos, oculta lo monstruoso. Félix tiene un nombre para resumir esta actitud: la "fiebre eufemística". Con tal frase, Félix explicaba la necesidad de los Barahona de utilizar las palabras para hacer un rodeo con ellas de manera que lo nombrado significara otra cosa. Para Gonzalo

> era como si una especie de pervertida vergüenza le impidiera llamar a los objetos por su real sentido, como si ilustrara el lenguaje y de esta forma desvirtuara la esencia de lo que quería nombrar. Vivía en un mundo de horror pero para él, sin dejar de serlo y gracias al lenguaje, era como si fuera el Paraíso mismo. (263)

Esa vida en el paraíso por causa de nombrar el horror con palabras armoniosas se reproduce también en la vida de Félix y su hermana. Cuando un niño es asesinado frente a la casa de la familia, la reacción de los hermanos que jugaban a intercambiar sus ropas con las que encontraban en un baúl, fue la de asomarse por la ventana y luego de constatar que no se trataba más que de un asesinato anónimo, regresar a sus juegos. Solo los empleados domésticos muestran un interés por lo sucedido. Félix no expresa la menor compasión por lo que sucede fuera de la casa de sus padres: "Los niños se desentendieron de lo que ocurría en la calle y volvieron a escarbar entre las prendas" (240). Su posición como funcionario de la embajada en Nueva York es similar. "Sus funciones no interferían las de nadie y con el exequátor bajo el brazo tampoco recibía órdenes de nadie, sólo sugerencias de instancia superior, o sea de la Cancillería de San Carlos" (13). Se convierte entonces en un político de "opulento oficio", "de lujo" (13).

Lo usual al imaginar la escritura de Gonzalo Barahona como diplomático, en relación a sus investigaciones filológicas, sería el otorgarle una función estética. Sus cables, sin embargo, como después los de Santiago, no tienen ningún valor como instrumentos reales de manejo del Estado, ni como piezas literarias. De hecho, los cables eran fuente de inexactitudes y errores. Los miembros de una delegación "pergañaban informes mal intencionados cuando no falsos, pagados de olímpica conmiseración y de capciosos alcances" (87). En ese sentido el interés por las letras, al igual que el interés real por los códigos que convierten a la diplomacia en un lenguaje encriptado, siguen esa idea de ocultamiento de lo monstruoso. Si al abuelo le preocupaba descubrir las ediciones anteriores de la obra de Saavedra Fajardo, de Santiago, cuando el narrador describe los cables que escribía durante su estadía en la Santa Sede como Canciller, dice que "[sus] despachos, como años atrás los del abuelo, comenzaron a llenarse de menudencias, por lo que su afición al chisme parecía herencia de familia" (197). "Los diplomáticos son unas personas muy respetables que se mandan a mentir al extranjero" (138). El interés literario no es real: es un medio objetivo para acceder al medio político y ganar la protección de los presidentes gramáticos. Para Santiago la investigación filológica no es necesaria; fue su padre quien le consiguió su título en virtud de su posición en los círculos de poder. Para Félix la relación con la palabra escrita es nula. No existe ningún interés en redactar cables, ni en la gramática, ni en ser poeta o embajador.

Como en el emblema del hombre inteligente sin religión, lo que se oculta en la divinización de la capital es monstruoso. Barahona, descubre

Gavidia, no era el pueblo de bizarría que Gonzalo creía. El "ilustre apellido" (85) Barahona, señala Gavidia en el *Tesoro* de Covarrubias, era un pueblo del que se decía que "vale más mala capa que buena hazcona (sic)" (Covarrubias 83; *Los felinos* 162), en referencia a que los salteadores eran tantos y tan bravos que la mejor estrategia para sortearlos era pasar por pobre. Covarrubias que "En este campo ay fama de juntarse los brujos, y las brujas a sus abominaciones, llevados por misterio de el demonio [sic]" (83). Es Félix quien se percata y afirma: "la sublimada ciudad de sus ancestros [...] no era más que un peligroso descampado, tan mísero como la ortografía que lo describe" (162). Félix le adscribe un valor singular al parecido entre Barahona y Bogotá: "páramo osco y sombrío, refugio de delincuentes y brujas [...], orgías y abominaciones, y malas artes y peores caracteres. ¿Se podía pedir más? Barahona era Bogotá y el abuelo su profeta" (162).

A pesar de los cambios políticos que se auguraban, su familia confiesa que durante las tempestades que caracterizaron el cambio de poder en 1930, cuando los liberales derrotan a los conservadores en las elecciones, se habían dedicado a una imparcialidad infame: "nadie pudo valorar justamente el aporte barahonense como en la década de los treinta y el primer lustro de los cuarenta" (32). Cuando el Concordato parece estar pronto a desaparecer anulado en virtud de un nuevo intento de separación efectiva entre Iglesia y Estado, los Barahona hacen aquello que "hace un diplomático de casta en situaciones límite [...] Pactaron de día y contraatacaron de noche [...]. Y ahí puedes ver [...] el resultado de tanto diálogo: muertos y heridos en nombre de la razón pura, y nosotros en medio" (181).

El regreso

El contexto político y social de Colombia en los ochenta inspira incertidumbre y ansiedad. Sobre ese telón, *Los felinos del Canciller* proyecta una fábula en la cual una familia renuncia a sus antiguos colores políticos para mimetizarse con unos nuevos. Una vez esa familia acumula poder gracias a profesar los mismos valores de la clase gobernante, se convierte en imagen de ese Estado, debido a las funciones diplomáticas que desempeña –funciones que le han sido encomendadas de forma jerárquica y vertical por virtud del poder del Estado–. Pero en lugar de convertirse en espejo del Príncipe justo que vela a su vez por el bienestar de los gobernados tanto en la prosperidad como en la desgracia, como lo sancionan las *Empresas*, se dedica a usufructuar de su posición para su provecho personal confiando en que la única forma de mantener su autoridad consiste en ampliar su influencia a través de la verticalidad jerárquica. La injusticia social que en última instancia se ubica en la base de un ejercicio vacío del poder muestra el alcance de sus contradicciones cuando en 1930 Olaya Herrera gane las elecciones y, finalmente en 1949, cuando la violencia política haga su aparición. Mientras tanto, la capacidad de esa familia para influir en el campo social ha desaparecido. Inhábil a la hora de crear alianzas nuevas, ha agotado todo su potencial en una forma de unión jerárquica con lo similar, cancelando así toda oportunidad de nuevas coaliciones.

El agotamiento de las alianzas es, ante todo, la descripción del terreno ideal para la aparición de la máquina despótica. Tal vez por ello el embate conservador en la democracia colombiana aún se caracteriza por la limitación del poder absoluto del presidente, una idea liberal que hasta los pensadores más moderados siempre apoyaron (Posada, *La nación* 104-6). En las sociedades primitivas, este agotamiento desembocaba en la invasión exterior que embebía con nueva sangre un sistema al borde de su fenecimiento.

> The death of the primitive system always comes from without; history is the history of contingencies and encounters. Like a cloud blown in from the desert, the conquerors are there [...] But this death that comes from without is also that which is rising from within: the general irreductibility of alliance to filiation, the independence of the alliance groups, the way in which they serve as a conducting element for the political and economic relations, the system of primitive rankings, the mechanism of surplus value. (*Anti-Oedipus* 195)

Como Deleuze y Guattari clarifican, es siempre confuso interpretar el origen del déspota, pues no se sabe si en realidad llega desde afuera o si se segrega desde adentro, después de una aventura exógena que requiere la presencia de un nuevo régimen despótico destinado a acaparar todos los códigos para inscribirlos en un solo propio cuerpo. Como se mencionó, la proyección del argumento y el texto utópico en el telón de los acontecimientos históricos de los años ochenta tiene como sentido la caracterización de las repeticiones futuras. ¿Qué sigue a esta nueva incertidumbre? ¿Una radicalización conservadora como en 1886, tal y como proponen los Barahona? ¿Una tímida reforma liberal como en 1930 y la continuación de la estrategia de neutralidad? ¿La interrupción sincrónica del déspota? ¿Una nueva alternancia partidista garantizada por la ley? Es solo la tercera repetición, situada más allá del después, la que establece el orden de la serie –Gutiérrez Sanín, por ejemplo, al analizar el concepto de Nación ideada durante el Frente Nacional, descubrió similitudes con la república surgida de la hegemonía conservadora, en especial luego de la finalización de la Guerra de los Mil Días (111)–.

En medio del desconcierto social, los Barahona creen que toda causa tiene su efecto: "creían que un determinado procedimiento irá seguido siempre de un resultado idéntico: esto es, ni más ni menos, que la constatación de una ley y un orden invariables" (272). Por ello desestiman la incertidumbre: "¿Qué sentido tenía entonces hablar de incertidumbre? Así no se llegaba a ninguna parte, a no ser al desastre" (272). Frente al caos y a la vacilación política, propondrían de nuevo una centralización como la sucedida en 1886. Su respuesta ante los hechos inciertos del contexto histórico de la obra consistiría en el retorno de una república conservadora. "Por eso patrocinaba todas las respuestas contundentes en la cosa pública y en los asuntos exteriores: firmeza antes que pusilanimidad, fuerza y mano firme, pues de lo contrario nos minan el poder y nos mueven caprichosamente las fronteras" (272). Pero, por causa de su reducción en la obra, ese retorno es imposible. Frente a la incertidumbre, se requiere de la intromisión de un personaje en el que resuenen los ecos del déspota.

No es gratuito entonces que la fecha del regreso de Félix coincida con el fortalecimiento de una corriente política que lleve a Laureano Gómez (1950-1951) y su implantación de una paz a la fuerza destinada a frenar el avance y la radicalización de una guerrilla liberal en el campo colombiano. En su labor de pacificación, Laureano Gómez había utilizado

La máquina dictatorial

los cuerpos policivos del Estado, al igual que el ejército y los grupos de gatilleros al margen de la oficialidad pero con conexiones directas con ella. María Dolores Jaramillo afirmaba que en *El gran Burundún Burundá ha muerto* (1952) de Jorge Zalamea se retrataba, de forma lírica y onírica, ese momento histórico, sirviendo a su vez de influencia para otro texto fundamental en el retrato de la máquina dictatorial, *El otoño del patriarca* (1974) de Gabriel García Márquez, a quien también vincula a este momento histórico.

El autor implícito de *Los felinos del Canciller*, al hacer de la reducción de las alianzas un espectáculo, propone que la repetición debería entonces manifestarse en la inserción del déspota, de la máquina dictatorial, manifestada precisamente en el regreso de Félix desde Nueva York. La única variante en el esquema de la repetición será la incapacidad de construir una alianza en el horizonte de lo nuevo y el retorno, por tanto, del esquema previo, pero por la fuerza. El regreso de Félix se convierte en la proyección de un espectáculo de orden trágico, en cuanto se trata del descenso desde un poder que se cree a sí mismo infalible, hasta su incapacidad absoluta, convirtiéndose por ello en artificioso y vacuo en cuanto actúa en contravía a los mandatos del texto utópico –las *Empresas*– pero también en cuanto al querer interrumpir sus lazos filiales, termina repitiéndolos. Y en cuanto vacuo se presenta a su vez con el peso del mito, a causa del monstruo que invoca en su superficie y la fuerza de la alegoría, y también por la contravención de los mandatos del padre, aquél quien le prohibió la relación con su hermana. Pero su deseo de contravenir al padre se convierte en una forma de emularlo.

Cuando toma la decisión de volver el 23 de septiembre de 1943, tiene en su memoria romper toda relación con la memoria represora del padre:

> Ante el brutal reproche de su padre al sorprenderlo en el desván con Angélica, ante su arbitraria decisión de enviarlo a Nueva York con el abuelo, ante el odio teñido de celos acumulados durante tantos años, Félix sintió de pronto la necesidad de saberse vivo y su puño se estrelló con todas sus fuerzas en el rostro atónito del Canciller. Esa era la otra mano que, tal vez por vergüenza o culpa, jamás tuvo una identidad precisa en sus recuerdos, una mano ruda y furiosa que contrastaba en todo con el suave gesto de la de Angélica. (359-60)

Y la tragedia del regreso de "la mano fuerte" reside en la exageración e hibridez del ícono. En primer lugar, desde que deseara renunciar al estudio del griego y a acumular prestigio por medio del conocimiento de la gramática gracias a su adopción de las matemáticas: "gracias a la fiebre por los números consiguió lo que se proponía: ser aburrido e impopular en un medio dominado por los garantes del Parnaso local, dueños del ascenso a la cúspide social y política del Olimpo radical" (254). Si los estudios gramáticos le prometían un fácil acceso al centro, los estudios matemáticos lo ubicaban en la periferia. Pero elige, luego de la muerte de su hermana, adoptar un aire extranjero, vestir de forma elegante y llevar bastón, como un *flâneur* (328-29). Félix reconoce la imposibilidad de ser un artista, un poeta, quizás lo que en realidad buscaba, y desplaza su interés hacia las matemáticas para borrar cualquier conexión con la gramática y los intereses de la familia Barahona. En la obra, sin embargo, este desfase no puede ocultarse y el producto es un Félix que presta su atuendo y su espíritu de la iconografía del artista de finales del siglo diecinueve, pero que se dedica a los números en la Colombia de 1940.

Al mismo tiempo, las matemáticas –especialmente una lógica filosófica basada en silogismos éticos que ubican el principio de incertidumbre en su base– le dan un margen de acción mucho más amplio, separándolo de la moral estricta del abuelo, basada en la idea aristotélica de la causa primera, y le otorga un espacio libre de acción fuera de toda moral, justificando incluso el incesto. "Félix, empero, era consciente de que su propia actitud gestaba otra forma de moral que no está contemplada en ningún otro código de comportamiento: la moral del azar y de la incertidumbre, la que permite amar a Angélica sin culpa y matar al que se oponga entre ambos" (273).

¿Quién regresa? El príncipe filósofo, un ser híbrido capaz de cancelar las deudas con su familia e instaurar una nueva alianza de repetición forzosa. Es el Burundún Burundá que se esconde entre las líneas de un juego de palabras y se convierte en una proyección futura: "Y tanta fue la bulla desatada que los enemigos menos escrupulosos de Barahona lo apodaron Barahúnda, y aunque al cabo de un tiempo pareció que todo se había olvidado no fue así y no lo será hasta que el gran Barahúnda haya muerto" (*Los felinos* 70).

Félix no pertenece a los gramáticos pero guarda la apariencia del dandi rebelde que adopta una ética de la incertidumbre moral, y al regreso es capaz de construir su propia ética y su propio azar, situándose de nuevo en el campo de la certidumbre, es decir, del poder vertical. Roto el vínculo con la ley del padre, a la hora del regreso no existe la filosofía del azar, solo la certeza de un nuevo comienzo: "también yo fabrico el azar" (359). Un regreso solo augurado por una de las páginas de la Empresa 34 que se lleva arrancada luego de volver a la Biblioteca Pública de Nueva York: "Quien mira lo espinoso de un rosal, difícilmente podrá persuadir a que entre tantas espinas aya de nacer lo suave, i hermoso de una rosa. Gran fe es para regalle, i esperar a que se vista de verde, i brote aquella maravillosa pompa de hojas, que tan delicado olor respira de sí" (*Empresas* 216). Un nuevo nacimiento, un nuevo comienzo solo barruntado en el porvenir que augura la serie de repeticiones.

La invocación de una de las partes de la máquina dictatorial implica la repetición del todo. El simulacro que *Los felinos del Canciller* proyecta es la máquina dictatorial en germen, como la imposibilidad de regresar a la filiación y a la alianza, y la factibilidad de una siempre viable intromisión de la máquina dictatorial, manifestada en el resurgir de los códigos antiguos o de una nueva versión de los códigos antiguos. Lo que retornaría no sería la república conservadora, sino una codificación similar, fantasmagórica e híbrida, como el personaje que la predice. El regreso de Félix, tomando como base de interpretación la "Empresa 34", luego del estallido de la Violencia, augura un nuevo comienzo en la promesa de la rosa que surgirá entre las espinas. Su regreso a Colombia sucede en el momento en el que se precisa un nuevo poder y un nuevo sistema de alianzas. Sin embargo, aquello que regresa es la repetición de lo Mismo, del hijo, transformado en personaje híbrido, pero como déspota. Y esa posible y siempre presente invasión de la máquina dictatorial, representada como un perpetuo antes en el cual las alianzas se han agotado, es aquello que *Los felinos del Canciller* proyecta en la incertidumbre colombiana de mediados y finales de los ochenta.

Capítulo III

La máquina dictatorial:
Juan Vicente Gómez

Juan Vicente Gómez, como personaje histórico y en virtud de su legado, ha estado sujeto a opiniones contradictorias. Desde su muerte se hicieron esfuerzos por expulsar su nombre de las instituciones y la simbología del Estado por medio de la expropiación y el congelamiento de sus activos o a través de los juicios por peculado, los cuales se extendieron hasta 1950. Sin embargo, al mismo tiempo, la narrativa profetizaba su regreso. *El hombre misterioso de Macarigua*, escrita por Gil Meres (seudónimo) en 1937, de solo 58 páginas y con muy pocas ediciones, relataba las peripecias biográficas de un personaje anónimo que coincidía con la descripción del dictador andino. Carlos Pacheco afirma que en la obra existe una temprana convivencia de lo ficcional con el relato periodístico y "una proyección de una imagen fantasmal y mesiánica del dictador" (*La patria* 124). El "hombre misterioso" resucita para imponer una nueva era de paz y seguridad en la Venezuela posterior a su muerte, para luego ascender de forma corporal a los cielos apoyando su pie en una piedra y dejando sus vestidos a la vista de todos: "en la pelada cima de la colina [solo se encontraron] un bastón y dos viejas botas militares, a los pocos metros unos espejuelos de montura de oro y algo más distante, detenidos por las malezas un sombrero de panamá de alas anchas y dos guantes de seda color marrón bastante usados" (*La patria* 125).

Sin duda fue esta ambigüedad, que aún rodea a Gómez, la que dio vía libre a su regreso como copia en las primeras biografías-ensayos sobre su persona, como *Mi compadre* (1934) de Fernando González o *Gomez: Tyrant of the Andes* (1936) de Thomas Rourke, en los cuales no se oculta la admiración por el caudillo andino, se afirma la positividad de su carácter y se suprime toda abyección relacionada con su figura. En *Oficio de difuntos* de Arturo Uslar Pietri se utilizan varias de las anécdotas citadas por González, al igual que el carácter general de la obra, destinado a retratar al padre bueno pero al final humano, incapaz de darle todo a todos. Pero en la construcción de su figura, se transgrede el contexto de lo humano como copia biográfica, pues su figura está construida de partes separadas que colisionan y se expelen. Pero Gómez/Peláez expulsó de su cuerpo toda contradicción y artificialidad, presentándose como un ser de proporciones justas, tanto a nivel exterior como interior, en particular por sus cualidades éticas y morales. En su calidad de máquina, la representación de Gómez como Aparicio Peláez en *Oficio de difuntos*, es monstruosa. Posee una masculinidad exagerada, el cuerpo del brujo indígena, la blancura distintiva del padre español que se mudó a las montañas para convertirse en patriarca y caudillo, y su mano no guarda proporción alguna con su cuerpo híbrido, sino que se presenta inmensa y descomunal. Su espíritu es desconfiado, malicioso y traicionero, pero severo, generoso y justo al mismo tiempo.

En 1976 pocos años restaban antes del vencimiento de la máquina dictatorial, así que la aparición de *Oficio de difuntos* fue pronto desmantelada. Sin embargo, Gómez encontró otras formas de regreso además de la copia, esta vez mediante formas embriagadas y manifestaciones parciales de su figura relacionadas tanto con el Nombre-del-padre como con otros nombres extraídos del mito. En otras palabras, su regreso se realizó gracias al ensamble de otras máquinas para seguir centralizando códigos previos y produciendo símbolos nuevos.

¿Para qué sirve esa máquina y cuál es su objetivo? Como sistema, la máquina dictatorial está destinada, en un primer momento, a enriquecerse a sí misma y a sus aliados mediante la observación y el control político, y en un segundo momento, a ejercer control sobre la amenaza de la autonomía femenina. Los riesgos que esa autonomía representa se perciben de forma clara en el culto religioso a María Lionza. De hecho, los lapsus, exageraciones, olvidos, interrupciones y confusiones que caracterizan la representación de Gómez/Peléz en *Oficio de difuntos* son solo explicables en relación a la amenaza que esa explosión de autonomía femenina y popular presagia. La construcción artificial de Gómez está destinada a cortar los flujos que produce esa otra máquina –María Lionza y su culto

La máquina dictatorial

popular– cuyo objeto consiste en la creación de un panteón de dioses patrios entre los cuales Gómez ocupa el rol de divinidad menor y en el cual los valores masculinos tienen primacía sobre los femeninos para controlar así los riesgos de una respuesta anárquica basada en la autonomía popular.

Oficio de difuntos de Arturo Uslar Pietri

La publicación de *Oficio de difuntos* de Arturo Uslar Pietri en 1976 pasó desapercibida para la crítica literaria latinoamericana. Los artículos surgidos luego de la publicación de las novelas del dictador en 1976 ni siquiera lo mencionan. Luego de 1977, pocos estudios sobre *Oficio de difuntos* han aparecido. Tan sólo existen un artículo de Pedro Trigo en la *Revista SIC* y los dos estudios referidos de Carlos Pacheco, tanto su libro *Narrativa de la dictadura* como su artículo "La palabra y el poder", ambos de la década de los ochenta. En los estudios sobre la narrativa de Uslar Pietri, *Oficio de difuntos* permaneció en los márgenes. Lo anterior constituye un incuestionable vacío teórico en la crítica literaria latinoamericana, en especial si se considera la perseverancia del tema del dictador en la narrativa venezolana, la nueva edición de la obra en 2004, la indiscutible centralidad de Uslar Pietri como intelectual y el fantasma siempre presente de Juan Vicente Gómez en la novela contemporánea y en el horizonte de la religión popular –en el que sirve como uno de los espíritus venerados–.

La razón de la poca relevancia crítica de la cual ha gozado *Oficio de difuntos* se explica en relación a la coyuntura histórica en la que fue publicado y al sesgo político que la crítica reconoció desde su primera recepción. Dentro de la cadena ininterrumpida de novelas y textos sobre el caudillo andino a la cual pertenece *Oficio de difuntos* (Pacheco, "La palabra" 81, nota 49), ésta a su vez se publicó en el marco de un micro-boom de novelas sobre los "padres de la patria". Comparado con ellas, *Oficio de difuntos* deambulaba por un sendero contrario: en lugar de deconstruir la figura del padre, parecía rendirse ante ella.

Julio Quintero

Las obras de 1974 sobre el dictador de cierto modo incluyeron estrategias más novedosas a las demostradas por Uslar Pietri en *Oficio de difuntos*. La obra pareció ir en contra de los senderos reconocidos por la crítica y ésta fue quizás su característica más cuestionable. Marjorie Agosin en 1990 se refería al dictador en Latinoamérica como un habitante de "lugares en ruinas" y señalaba la centralidad del cuestionamiento al "mito de la autoridad" en estas novelas y en las novelas publicadas a partir de ese año (329-32). Este concepto, mencionado por primera vez por González Echevarría, significaba que la mella en la autoridad del padre-dictador representaba una legitimación de la autoridad del escritor, tal y como había ocurrido en *Facundo*. Para González Echevarría "[t]he intermediate dictator-novels, from *Amalia* to *El Señor Presidente*, repeat the myth of authority, while the novels of Carpentier, García Marquez, and Roa Bastos deconstruct the myth" ("The Dictatorship" 210). Y una de las herramientas para deslegitimar esta figura era la descripción de la casa, imagen del yo, como un sitio fantasmagórico a medio destruir, al igual que el cuestionamiento del estatuto del discurso, como sucede, por ejemplo, en *Yo, el supremo*, mediante la puesta en marcha de una cadena de narradores encargados de distribuir la información al lector. Cuando Agosin habla del dictador como un habitante de sitios en ruinas tiene en mente al Patriarca y su casa presidencial, una imagen que hace presente la destrucción de su autoridad y su poder. La novela, como constructo teórico con una coherencia histórica y temática, se encamina, desde la preceptiva crítica, por un sendero dirigido a la puesta en crisis del mito de la autoridad con el cual se inviste al gobernante.

Oficio de difuntos avanza en contravía. Hay en primer lugar, una relaboración biográfica de Gómez que se presenta en la forma de una "coincidencia casi minuciosa" y se rinde ante su presencia magnética (Pacheco, "La palabra" 76) –como si no se tratara de un dictador impopular y cruel, sino de un verdadero héroe nacional–. Para tal efecto utiliza una estrategia que, mediante una coincidencia de rasgos comunes, calca el mundo de Gómez y de la Venezuela gomecista mediante el nombre ficticio. Caracas será entonces León, Cipriano Castro será ficcionalizado por Carmelo Prato y Juan Vicente Gómez por Aparicio Peláez. Esta reconstrucción artística, que según el esquema del mito de autoridad representaría un retroceso significativo, implicaría a su vez una destrucción de la figura del narrador, el padre Solana, encargado de recitar el Oficio de Difuntos en el funeral de Gómez/Peláez. Solana, cuya vida se derrumba desde la altura de su militancia en la oposición a la dominación de los caudillos andinos hasta la bajeza del servilismo proselitista al régimen, muere de forma indecorosa mientras huye de la capital y es atropellado por la multitud en los desmanes que siguieron, a inicios de 1936, a la muerte del caudillo andino. *Oficio de difuntos*, por tanto, desmitificaría la figura del narrador a través de la consagración del caudillo.

En el recuento biográfico de Gómez en *Oficio de difuntos*, organizado en dos grandes bloques, desde su llegada como integrante del ejército de Carmelo Prato (Cipriano Castro) en 1899, hasta su toma definitiva del poder por medio de un golpe de Estado en 1908, resuenan, como lo ha mencionado Pacheco, los argumentos cesaristas de Vallenilla Lanz y el positivismo de finales del siglo diecinueve e inicios del siglo veinte, hasta acercar la obra al "manifiesto político" ("La palabra" 76-8). Esta afirmación, sin embargo, elimina la existencia de un autor implícito y propone la presencia del mismo Uslar Pietri, no como escritor sino como figura pública, al inicio de la génesis de la obra. Uslar Pietri, por ello, continúa Pacheco, alaba entonces el "poder patriarcal de hombre recio y severo, pero bueno en definitiva" (78).

Esta presunción de manifiesto político como elemento fundamental de *Oficio de difuntos*, que implica la legitimación del poder de Gómez, ha marginado la obra a la hora del comentario crítico, al punto de hacerla invisible. Víctor Bravo, por ejemplo, al analizar el imaginario de la nación en las novelas de Uslar Pietri, no incluye a *Oficio de difuntos*, aunque varios de los temas que menciona se repiten en la novela. Bravo afirma que mientras Rómulo Gallegos intenta levantar una cartografía espacial del país, Uslar Pietri realiza una tarea equivalente en relación a la historia en su narrativa, al descubrir que en ella se ocultan "perspectivas e interrogaciones sobre el orden y el poder" (30). En lo que Bravo llama "la construcción del país posible" (30), describe una primera etapa en la que Uslar Pietri delineaba los pasos de una Venezuela sumida en las dificultades económicas y sociales en su camino a la modernización, como en el caso de *Las lanzas coloradas* (1931) y *El camino de El Dorado* (1947). En una segunda etapa, Bravo menciona la trilogía incompleta sobre la dictadura y la democracia, obras profundamente políticas en lo que Uslar Pietri llamó *El laberinto de la fortuna*, en las que se ubica *Un retrato en la geografía* (1962) y *Estación de máscaras* (1964). Dentro de ese esquema, *Oficio de difuntos* brilla por su ausencia. Algo similar sucede con Eduardo Casanova, quien en 2006 se preguntaba por las causas de la poca recepción que las dos novelas antes mencionadas habían tenido. Pero esta misma pregunta no la hacía de *Oficio de difuntos*.

La función del mito

Sin duda hay un sesgo político en la reconstrucción de Gómez como Aparicio Peláez. Pero existe un nivel más que sirve de justificación y base simbólica frente a la aparición política de Gómez como personaje ficcional. El narrador de *Oficio de difuntos*, a base de fuerza, empuja la representación de Gómez/Peláez hasta otorgarle un poder sobrenatural que solicita, en primer lugar, el sacrificio del narrador, codificado según la narrativa del *pharmacos* mediante la expulsión del poeta hasta las afueras de la ciudad para ser apedreado y asesinado, y así frenar el avance de la plaga que se cierne sobre la polis. El Padre Solana, una construcción artística que encubre al Padre Carlos Borges Requena, es una línea narrativa que se mantiene de principio a fin. El argumento de *Oficio de difuntos* se inicia en el momento en que Solana recibe una llamada del Ministro de Guerra encargándole la celebración del Oficio de Difuntos y la homilía de la misa de conmemoración del deceso de Peláez a finales de 1935. *Oficio de difuntos*, en cuanto duración, tiene lugar entre la noche en que Solana recibe la llamada y la madrugada del día siguiente, cuando es atropellado por la multitud. Son los recuerdos de Solana los que el autor implícito utiliza para mostrar a los lectores esta revisión por etapas de la vida de Aparicio Peláez que es en última instancia lo que conforma la obra.

La máquina dictatorial

Varios elementos biográficos coinciden entre Solana y su par histórico, pero son las diferencias las que demuestran el papel que el primero cumple en la obra. Borges Requena nació en 1867 en el seno de una familia caraqueña pudiente y fue un sacerdote y poeta cuyos textos quedaron repartidos en publicaciones como *El cojo ilustrado* (Lavin 248; Solaeche; González, *Mi compadre* 84). A punto de morir por una enfermedad en 1894, toma el voto de ordenarse sacerdote y es destinado a escribir para el periódico católico *La Religión*. Luego de un breve romance es enviado a Estados Unidos pero se enferma y regresa dos años después para continuar su trabajo en *La Religión* –y bajo el seudónimo de Oscar Sutil escribir poemas eróticos para *El Constitucional*, lo que atrae la furia de la jerarquía eclesiástica que lo conmina a retractarse–. Es en estos años donde inicia su amistad con Castro y Gómez, amistad que está presente en *Oficio de difuntos* (98-101). Con la toma del poder en 1908, acusa a Gómez de traidor y es condenado a pasar dos años en la Rotunda, la temida prisión destinada a los enemigos del régimen, de la cual sale en 1912 (Lavin 249-50; *Oficio* 181-90). Fuera de prisión, es mantenido en una estrecha vigilancia pero escapa de nuevo a Nueva York en busca de una nueva relación sentimental, aunque traicionado por la que sería su esposa debe regresar a Venezuela donde finalmente acepta convertirse en capellán de la base de Maracay, donde vive de modo semimilitar hasta su muerte en 1932 (Lavin 253; Soroache). Lavin en 1954 opinaba que quizás el interés de Gómez por Borges Requena era la simple curiosidad:

> By royal command, the priest visited the presidential bode frequently and both Gómez and his entourage were held spellbound by his drollery and flow of sparking poetry. His talent reached its sublime brilliance when he was inebriated. If Gómez happened to be present in such an occasion, ministers and generals would be kept waiting until the *padre's* ready wit had spent itself. (254)

Fernando González apunta el descenso de Borges Requena: "El Padre Borges es ya una ruina. Lento, casi paralizado, no habla" (88). En cuanto Borges ha fallecido para el momento en que su otro ficcional es encargado de oficiar el servicio para el difunto Peláez, se entiende a su vez la referencia al título, pues el oficio será recitado por un difunto, el mismo Borges Requena muerto en 1932, pero representado en forma ficcional por Solana, lo que contribuye a aumentar el efecto sobrenatural y espectral que *Oficio de difuntos* se esfuerza en comunicar. Ante las acciones del régimen, sus palabras son irrepresentables. Y de hecho lo son, pues nunca se pronuncian; del panegírico que Solana escribe sobre Peláez solo permanecen breves fragmentos que se interrumpen para dar lugar al discurso coherente del recuento histórico de la vida del caudillo.

Una vez el ministro de gobierno lo exime de su labor como oficiante de los ritos, Solana asume una doble culpabilidad, por un lado, arrogándose el descontento de la multitud hacia Peláez en su propia persona, y en segundo lugar, denostando su incapacidad de alabar a quien lo protegió –la ley que deviene luego de la muerte del padre es impracticable–. "Lo iban a exponer como una víctima propiciatoria para que nadie se olvidara, para que todos los odios se pudieran saciar en él" (9). Su muerte carece entonces de cualquier rito, pues su figura, retomando lo dicho por Agamben en relación al origen del concepto romano *sacer*, es sagrada. Su muerte anónima refleja que hace tiempo Solana había pasado a ser propiedad de los dioses, del dios fundamental en la historia que cuenta *Oficio*, el mismo Gómez/Peláez (Agamben, *Homo* 73). Sin embargo, él mismo afirma su propia categoría de sagrado y víctima, y por ello, por voluntad propia, consuma los pasos del *pharmacos* caminando hasta los confines de la polis, tendiéndose en el piso y dejando que la multitud lo aplaste, sin que ella sepa siquiera de quién se trata. Una vez ha desaparecido el padre, Solana debe retornar a su condición de difunto.

Este juego de espejos entre el autor implícito, que tiñe la figura del caudillo de un aire milagroso prescindiendo de toda abyección y por tanto engrandece la figura del padre en un universo del cual quiere ser suprimido; y el narrador, que en cuanto debe escribir un manifiesto que alaba la vida del tirano termina recordando su vida y por tanto sirviendo a los propósitos del autor implícito como un ser que regresa de la muerte; se convierte en última instancia en la estabilización de un culto simbólico a Gómez/Peláez a través de la incorporación de diversos mitos que escapan al confinamiento del Nombre-del-padre –y por eso la obra es más que un manifiesto político–. En ciertos casos, incluye lugares prestados de las oraciones litúrgicas del catolicismo: "Entre el país y él se había llegado a establecer una especie de indisoluble amalgama, de integración mágica. *Nada se podía contra él, todo lo podía él*" (14; énfasis mío).

El mito, o los mitos, que se inyectan a la construcción de la máquina Gómez/Peláez para ilustrar su influencia en el *socius* parten del interés de Uslar Pietri por lo sobrenatural como expresión literaria y como rasgo propio de la literatura latinoamericana. En "Lo criollo en la literatura" se refería al poeta como a un ser que "lanza su conjuro contra el poder maléfico" (*Nuevo mundo* 9), como si su palabra procediera de un umbral mágico. Y agregaba: "No sólo sabe a primitivo la literatura criolla por la estilización rígida, sino también por la abundante presencia de elementos mágicos, por la tendencia a lo mítico y lo simbólico y el predominio de la intuición" (9). En *Letras y hombres de Venezuela* afirmaba que en los mitos y leyendas transmitidos por el pueblo de generación en generación existía una sabiduría que iba más allá de "la concepción venezolana del mundo" y se transformaba en ideas de justicia, del bien y el mal, de la felicidad y la belleza, y de lo sobrenatural (247). En "El brujo de Guatemala" afirma que "Estrada Cabrera o Ubico pertenecían a la raza de los brujos malvados de la leyenda" (*Nuevo mundo* 175).

Uslar Pietri no ocultó la gran admiración que sentía por la figura del caudillo de origen rural. Este personaje era, para el pensador venezolano, una figura política que surgía de modo espontáneo como "consecuencia natural de un medio social y de una situación histórica" (*Nuevo mundo* 171). Lejos de usurpar lo que le era ajeno, acaparaba para sí "el poder [que] había crecido con él, dentro de la nación, desde una especie de jefatura natural de campesinos hasta la preminencia regional ante sus semejantes, a base de mayor astucia, de mayor valor o de mejor tino, para terminar luego teniendo en su persona el carácter primitivo de jefes de la nación en formación" –a imagen de los jefes guerreros de la Europa medieval, en una afirmación que subraya el valor central de la repetición (*Nuevo mundo* 171)–. Su mayor aporte en *Oficio de difuntos* será la inclusión de mitos populares que permitan realzar el valor sobrenatural de la figura del caudillo, complementando y a la vez demoliendo la triangulación padre, madre, hijo. El estatuto sublime de la montaña de la cual procede Gómez/Peláez, el poder sobrenatural del brujo, el espectro en su variante popular de aparición o aparecido, el acto de "velar" como un ritual de brujería, el ensalmo que detiene los rezos pronunciados por los enemigos, el poder previsivo del adivino, la mano poderosa que se arrastra en la noche, el entierro que regresa de la muerte y la sombra que devora a quien toca, se convierten en mitos que impulsan una lectura casi religiosa de la figura de Gómez/Peláez.

Esta fue una estrategia utilizada por Uslar Pietri. En "El fuego fatuo", publicado en su segundo libro de cuentos, *Red* (1936), el tirano Aguirre surge como una presencia maléfica que las mujeres junto al fuego deben ahuyentar por medio de rezos (Parra 38; 41-2). Aguirre aparece, a su vez, como un monstruo, rodeado también de una aureola sobrenatural, pero en relación a poderes destructivos. Su anormalidad física, su furia extremada y su fuerza descomunal lo emparentan con un arquetipo ya definido en la ensayística de Uslar Pietri, el *deshacer* en la historia (Parra 85-8). De modo similar, en *El camino de El Dorado*, Uslar Pietri explora la imagen de Simón Bolívar como un ser mitológico que aparece rodeado de relámpagos y luz, y al cual se le otorgan cualidades sobrenaturales, milagros y poderes curativos (Parra 39). Gómez/Peláez estará también rodeado de un aura similar, esta vez relacionada con la positividad asociada al *hacer*.

El brujo de los Andes

En la figuración ficcional de Gómez que Uslar Pietri realiza en *Oficio de difuntos* existe una intencionalidad clara a la hora de retornar a la forma en que el caudillo andino ejerció el poder y sobre el valor de su figura, como un instrumento de poder, en la Venezuela contemporánea y posterior a 1976. Para ello, Uslar Pietri obvia la negatividad que se asocia a la figura del brujo, lo cual es uno de sus más claros constitutivos, tanto a nivel ético como en cuanto signo de otredad, y afirma un contenido positivo que le otorga poderes casi divinos: "Era como si estuviera en todas partes, aquí, allá y más allá al mismo tiempo, en lo que decía y en lo que no decía, en lo que hacía y en lo que no hacía" (307). Su pasado se obvia, pues ha sido incorporado a la ficción como Aparicio Peláez. "¿Y quién es ese Aparicio? 'El aparecido, la aparición, la apariencia, murmuró Solana'" (87).

Esta aparición lleva hasta el límite, sin embargo, el mote colonial con el que se calificaba al indígena durante la colonia, pero vaciándolo de su propio contenido, objetivándolo hasta convertirlo en un fragmento susceptible de ser delimitado y luego extirpado del contexto al cual pertenece para ser implantado como un mecanismo dentro de la máquina dictatorial. La socorrida "malicia indígena" ha sido borrada del horizonte del que fue engendrada: "Allí está el modo como magnetiza, según los métodos del brujo indio: poco a poco, con malicia, a sangre fría. Nada de fijar la mirada como los europeos" (González, *Mi compadre* 69).

Antes de realizar este vaciamiento de contenido para reincorporarlo como si se tratara de la infusión de uno nuevo –obviando el sustento previo sobre el cual se apoya– el autor implícito de *Oficio de difuntos* configura el espacio de los Andes retrocediendo a fuentes literarias más tempranas. Esta reestructuración de los Andes y la frontera como espacio sublime teñirá la cordillera de una ambigüedad que será después el vehículo indicado para iniciar una nueva delimitación de otro contenido previo –el padre blanco y el mito agrario– para aislarlo, cortarlo y trasladarlo al cuerpo de Peláez. El narrador de *Oficio de difuntos* recuerda que:

> Solana no conocía la frontera, pero se la figuraba. Un panorama neblinoso de colinas, riscos, gargantas y ríos torrentosos. Y de hombres encobijados en oscuras mantas y hondos sombreros. Fue una montonera así la que pasó el río. Una montonera de desconocidos con Prato y con Peláez, otros dos desconocidos. Lanzados como un alud. De allí había venido [...] No recordaba dónde estaba mientras aquel montón de aventureros entraba en la tierra, por allá lejos, por más nunca. (60)

La cita, además de enfocarse en los riscos y profundidades que evocan la sublimidad de las pinturas de Caspar David Friedrich, recuerda aquella otra descripción sobre el origen de la "devoradora de hombres" en labios de "los llaneros del Arauca" en *Doña Bárbara* (1929): "¡De más allá del Cunaviche, de más allá del Meta! De más lejos que más nunca [...] De allá vino la trágica guaricha" (21). Solana emparenta a Prato y a Peláez con doña Bárbara, y en particular con El Brujeador, al mencionar que ambos proceden de un sitio que se representa usando, además de una referencia al confín de lo desconocido, una palabra de orden temporal: "más nunca". El sentido etiológico de la transferencia de un término espacial por uno temporal contribuye a aumentar el carácter sublime del origen de los personajes, en cuanto el sitio y el tiempo del cual surgen son desconocidos, pero imaginados como eventos inaccesibles y mágicos. Tanto en *Doña Bárbara* como en *Oficio de difuntos* los venidos de otras provincias situadas en el confín de la nación, ya sea como habitantes de la selva amazónica o de los Andes, son portadores de una fuerza incontrolable y mágica que ingresa desde la frontera de lo que no se conoce hasta el espacio conocido y venerado como hogar (el Llano o el centro). Y la frontera es sinónimo de la barbarie asociada a la ausencia de ley y civilización: "Venían con su jefe, aquel aparecido, que era medio brujo, aquel general Prato, que había surgido de pronto, que ayer estaba borrado en la frontera y ahora era dueño del país" (*Oficio* 79). Acuden desde un espacio sublime, con cañadas, montañas inmensas, depresiones, riscos y nubes, en un pasaje en el que resuenan, de nuevo, ecos de los orígenes de doña Bárbara:

> Eran los montañeses, los hombres de otro mundo, de más allá de llanuras y ríos y montes. De donde nadie iba nunca, de donde nadie venía nunca. Pocos los conocían. Muy pocos habían llegado alguna vez hasta la apartada provincia de los confines. Pero ahora se contaba y se oía una espeluznante revelación de durezas y crueldades, que vivían entre cercas de piedra, borrados en la niebla, junto a retumbantes arroyos, en los páramos, cultivando paños de tierra junto a los abismos sin fondo. (80)

Esta categoría de otredad y liminalidad incluye a su vez la cosificación de un elemento de distinción racial. En el primer contacto de Santos Luzardo con el *Brujeador* mientras remontaban el Arauca, el narrador lo define como "uno de esos hombres inquietantes, de facciones asiáticas [...] Un tipo de razas inferiores, crueles y sombrías, completamente diferente a los pobladores de la llanura" (8). Y uno de los palanqueros añade su origen: "Un guate [...] un salteador de la montaña de San Camilo y de allá bajó hace algunos años, descolgándose de hato en hato, por todo el cajón de Arauca, hasta venir a parar en lo de doña Bárbara" (10-1). El Brujeador, a diferencia de doña Bárbara, no procede de la selva; se trata, en este caso, de un guate, "calificativo despectivo que se da en el Llano a los hombres de la Cordillera Andina y a los colombianos" (246).

La relación de Gómez con Colombia es uno de los hechos más conocidos de su biografía, tanto en relación a sus lazos familiares como a sus negocios. La población de las pequeñas ciudades situadas en la frontera, como Rubio o Capacho en Venezuela, y Villa del Rosario o incluso Cúcuta en Colombia, fluctuaba de acuerdo con la temporada de cosechas. En *Oficio de difuntos*, la zona de la frontera se identifica como "un solo país" y de su población se dice que era "mezclada y remezclada entre sí" (33). Colombia en *Oficio de difuntos* se ficcionaliza como el Nuevo Reino, subrayando su pasado colonial, y a sus habitantes se les llama *reinosos*. De Peláez se dice que tenía parientes en el lado colombiano y que su llegada a la Boyera (la Mulera) estuvo marcada por el terremoto que destruyó Villalonso (Villa del Rosario) en el Nuevo Reino en 1875. La relación de Gómez y de los andinos con Colombia fue una de las excusas de la oposición para acrecentar su otredad y su diferencia en términos de raza, y herencia histórica y cultural. Bruzual López escribía en 1920 que

> [c]uando cualquier venezolano lea en los periódicos de la barbarie que un individuo se llama Indecencio Gómez M., por ejemplo, tenga la seguridad, sin temor a equivocarse, que es andino, pues esa mayúscula final, con su punto, para indicar el apellido materno, es una costumbre colombiana de muy pésimo gusto que sólo la usan en Venezuela los andinos. (Caballero, "El hombre" 22)

Si en *Oficio de difuntos* aún existen estructuras cognoscitivas en las que resuena el positivismo de principios del siglo veinte, estas se manifiestan en la extracción de un rasgo definitorio del mestizo: el poder sobrenatural que deviene de sus rasgos indígenas. La filiación con Colombia y los Andes colombianos y venezolanos explicaría la negatividad inicial asociada al calificativo brujo. "Usted no sabe, pues, que la cordillera está llena de brujos, de ensalmadores, de piaches, de adivinos y de almas en pena" (*Oficio* 123). Como lo anota Martín, la brujería, como expresión religiosa popular y como gestión con un lugar particular en la sociedad latinoamericana en general, cuenta con un sistema de regulación. En Barlovento, una zona localizada al norte de Venezuela, por ejemplo, ser brujo implica la ausencia de relaciones de compadrazgo y la expulsión inmediata de la comunidad, al punto que los bienes del brujo, son enterrados con él (82-3). Para John Bossy la idea de la bruja o el brujo en Occidente corresponde a un principio de inversión. Si el modelo de vida para el Occidente cristiano es Cristo, el modelo del brujo será su antítesis, es decir, el diablo. Según lo expone Bossy,

> The behaviour of the new-model witch was the inverted image of a moral system founded on the Ten Commandments, and particularly of the first table. The Devil, who had been the mirror-image of Christ, the personified principle of the hatred to one's neighbor, became a mirror-image of the Father, the focus of idolatry, and hence the uncleanness and rebellion. (137)

El mandamiento del amor al prójimo, que describe el ideal cristiano, en el imaginario que da origen a la figura del brujo es sinónimo de odio y maldad. La idea de "mal" como un ente metafísico, luego de los procesos de secularización acaecidos en el siglo diecinueve es sin duda un tema de difícil discusión. Sin embargo, en referencia al poder, tal vez es más claro demostrar que el mal es una consecuencia directa de su uso indebido. Katri Lehtinen en su artículo sobre la maldad y el poder habla de la extensión del término y de su acercamiento a otras definiciones de carácter similar, como todo aquello que es inmoral, insensato, malsano o injusto (1). Si el poder, desde la esfera suprema de la individualidad constitutiva del sujeto moderno, se define como la capacidad de actuar por uno mismo, la maldad sería la perversión de esa capacidad, impuesta como una coerción en la libertad del prójimo para actuar según sus propias convicciones, como "the ability to persuade, threaten, or force someone into behaving according to our desires" (2). Aunque resultaría imposible identificar el momento en el cual Gómez fue llamado brujo por primera vez, tal vez esta fuera, como se demostrará más adelante, una de las maneras de catalogar el surgimiento de ese poder y el grado de coerción política al cual sometía a sus ciudadanos –en *Memorias de un venezolano en la decadencia* el término brujo no se utiliza una sola vez–. Lo que sí puede constatarse es que para 1921, según Manuel Caballero, se trazan conjeturas sobre la salud de Gómez y se dice que para vivir necesita beber sangre humana y alimentarse de niños (15). La oposición, en especial en 1928, utilizará una serie de imágenes que se relacionarán con el brujo, pero en un espectro más amplio, acudiendo a la descripción del antimundo descrito anteriormente. Si en la vida normal los alimentos entran por la boca, en el universo del brujo lo normal será utilizar lo que le es contrario, es decir, los excrementos (Martín 84-5). Y si desde el mandato cristiano el amor, el entendimiento y la paz son prevalentes como el deber-ser en las relaciones entre las personas, en el mundo del brujo prevalecerá la violencia, la desconfianza y la ambición personal.

Los pasquines que circularon durante 1928 y 1929 usufructuaron la imagen de Gómez como brujo, es decir, como un ser sobrenatural que en todo sentido se oponía a lo que se consideraba un buen uso de las estructuras del poder. Se le relacionaba una y otra vez con excrementos y en contextos en los que premiaba la suciedad. Rufino Blanco Fombona, por ejemplo, en "El patriarca de Maracay: ¡Admiradores de un monstruo!", publicado en *El Heraldo* de Madrid el 13 de enero de 1934, retrataba un episodio en el que

> Cierto pobre diablo devoraba sonriente un pedazo endurecido de excremento de vaca y decía: –Yo hago lo que ninguno hace. Tenía una explicación aquella mengua. El infeliz estaba idiota. Los que aplauden a los tiranos –y en especial al asesino y explotador de Venezuela–, aunque menos desinteresados que el idiota, hacen como él una cosa que nadie hace y pueden tener la misma disculpa; son, en mayor o menor grado, débiles mentales. Pueden sentirse orgullosos de devorar su bosta [...] Pueden elogiar la dictadura irresponsable por ideal de gobierno; pero ¿cómo eligen por modelo de "patriarca" al más bestial de los monstruos? (*Oposición liberales* 265)

En un inicio y mientras Gómez aún vivía, el apelativo brujo tenía como objeto servir de explicación sobrenatural y mítica de lo que se consideraba irracional –su permanencia en el poder a pesar de los altos grados de corrupción extendida y de control político–. Al mismo tiempo, servía como vía de escape a ese mismo control pues, como también lo manifiesta Martín, la brujería o la explicación sobrenatural de acontecimientos naturales como producto de la injerencia de un poder mayor, sirve como manera de resolver los conflictos interpersonales cuando las vías tradicionales han sido agotadas o son inexistentes. La tensión entre los grupos se dirige hacia el Imaginario, pero de una forma regulada y reglamentada (84). La referencia a lo abyecto en la representación de Gómez sería una forma de poner por escrito el máximo horror que su figura representaría. La capacidad absoluta de Gómez y el régimen para definir en qué momento un ciudadano pasa de la vida a la muerte sin duda representa un rompimiento en el significado, una alusión a que la muerte puede tocar a cualquiera (Kristeva 2).

> La mano temible que ordenaba la muerte podía llegar a todas partes [...] Miedo a los espías y a los esbirros del general Garfias, que podían recordar una vieja palabra, un olvidado gesto, un comentario malhumorado y presentarse a prender a cualquiera. Todos eran sospechosos. Y miedo a aquella muerte, a aquel poder desconocido que actuaba en la oscuridad con tan seguros golpes: "El temer y el temblar vinieron sobre mí y me rodearon tinieblas". (*Oficio* 258)

Sin embargo, esta negatividad se obvia en *Oficio de difuntos*, pero se cosifica de modo positivo en el carácter mestizo, en este caso, más indígena, de Gómez y su procedencia de los Andes y la frontera con Colombia. El primero de los sentidos a los cuales se asocia el calificativo brujo en *Oficio de difuntos* refiere al vertiginoso ascenso de Prato y Peláez al poder como un fenómeno incapaz de ser explicitado mediante la razón, es decir, la forma rápida por la cual, con un reducido grupo de hombres, logró someter a los caudillos emergentes a través de la centralización de la autoridad estatal. *Oficio de difuntos*, a la vez que invoca el argumento racional para elaborar una historia ficcional de la llegada de Prato y Peláez al poder, deja la lógica histórica del hecho en suspenso y dirige la atención del lector a la interpretación irracional y mágica. Cuando en *Oficio de difuntos* se afirma que Peláez es un brujo por su facilidad y buen tino a la hora de encontrar el camino correcto en medio de llanuras por las cuales nunca había trasegado, de modo voluntario revela que Peláez es un campesino y que por ello entiende el lenguaje de los guías y baquianos; pero al serle revelado en sueños los lugares en los cuales atrapará a sus enemigos o cuando una de sus corazonadas lo lleva por el camino correcto, su fama sobrenatural crece: "Este hombre como que es medio brujo", afirman sus soldados (114).

Sus enemigos no atentan contra Peláez; al contrario, lo velan a través de rituales brujos: "Lo estaban acechando en lo oculto, lo atisbaban, lo seguían, lo ojeaban como a presa en el monte. 'Lo están velando, jefe'" (131). Pero una y otra vez lo salvan sus premoniciones, que Uslar Pietri copia palabra por palabra de fuentes anteriores, como Fernando González y sus narraciones sobre el peón que quería asesinarlo, el atentado frustrado de los oficiales en 1928 o la bomba que no estalla durante un espectáculo aéreo. Fragmentos del brujo, que es capaz de comunicarse con los muertos, ascienden desde *Mi compadre* para ensamblar el cuerpo desproporcionado de Peláez: "Un muerto, un albañil, se le apareció y le dijo el lugar en donde tenía unos reales ocultos y que se los comprara en misas. Los sacó y se los entregó a su hija Cristina, para las misas. Es místico rústico y muy poderoso, añadió" (González 109).

Si el día es el entorno normal del ser humano, la noche parece ser el medio en el que con mayor claridad se presenta el poder de Peláez. "Él veía quebrarse las luces sobre los metales relucientes de los arneses y las ancas del tronco. Iba por la noche como hacia lo desconocido. Todos aquellos hombres recientes, aquellas calles, aquellas fachadas de las iglesias cerradas, eran otro mundo" (101). Su ejército, siguiendo una lógica similar a la que ha expuesto Bridget Kevane al relacionar los *Diarios* de Colón con *Los pasos perdidos* de Alejo Carpentier, utiliza la nominación de una realidad vista por primera vez como estrategia de descubrimiento y a la vez de domesticación de esa realidad. Cuando el ejército de Prato y Peláez desciende de la cordillera y avanza por la llanura desconocida, el narrador dice que "pasaban por aldeas donde predominaban los negros y los veían con curiosidad". Y añade: "Hallaban frutas, animales y pájaros distintos" (74). Son retratados como invasores y conquistadores que llegan a una región inexplorada y dispuesta para la instalación de una utopía, encarnada al fin en Peláez, y en sus valores tradicionales legados a la tierra (paz, familia y trabajo) y en su increíble maquinaria destinada al éxito monetario.

Peláez es también un brujo por su capacidad de controlar a la oposición. Para ello utiliza la policía secreta, que aparece dibujada como una procesión de seres sobrenaturales, refutando toda analogía a una maquinaria de observación y control político: "esas largas noches de sombra llenas de presencias y de rumores. Aparecidos, sayones, duendes maléficos, basiliscos de mirada mortal" (258). Alcides Arguedas, en su recorrido por Venezuela a finales de la década de los veinte, anotaba la presencia vigilante de la *sagrada* de Gómez, y la forma casi imperceptible en que se conducía: "Entonces, contando las horas, pasan las patrullas de andinos, los caballeros de élite, los guardas privados de Gómez. Proceden, como él, de las montañas, y son estúpidos y feroces. Apenas si se oye el choque de los cascos de sus caballos sobre el asfalto" (901). *Oficio de difuntos*, al mismo tiempo que habla de los espías y la guardia privada de Peláez, dirige la atención del lector a sus gallos como una manera de retratar a la oposición, elementos cuyas raíces ya son mágicas en el imaginario religioso del Caribe –"parecían animales de brujería" (162)–. Y es en ese momento donde intervienen sus seguidores para informarle que "La gente dice que usted es brujo y que los tiene ensalmados [a los opositores]" (162).

Peláez no se caracteriza en *Oficio de difuntos* por ser un mestizo acusado de asaltar en los caminos o un ejemplar de una raza inferior. No se trata de la figura provocadora del Brujeador. Su categorización como brujo ha sido vaciada de contenido y vuelta a llenar con otro contenido de orden beneficioso, asociado a las divinidades agrarias. En *Oficio de difuntos*, al contrario de una obra como *Mi compadre* (1934) de Fernando González o *El gran capagatos* (1979) de Mario H. Perico Ramírez, el apelativo de *brujo* aplicado a Castro y Gómez no se ficcionaliza de forma directa mediante el recurso a un maestro indio que le enseña al joven Gómez, como a doña Bárbara, los secretos de la tierra, sino que se funda en un origen indefinido.

El padre blanco

La filiación de Gómez/Peláez con las montañas sirve también de vehículo para objetivar el conservatismo elemental de los valores aunados a la tierra y a su carácter de "padre blanco". Es, al mismo tiempo, un rasgo de unión con la narrativa posterior. ¿No es ésta una queja constante de parte del protagonista civil en la novela venezolana? En *El pasajero de*

Truman de Francisco Suniaga, Escalante se lamenta ante su secretario: "me atrevería a decir, aún hoy, después de décadas de democracia, la mayoría no ve al Presidente y, peor aún, el Presidente no se ve a sí mismo como un ciudadano con la responsabilidad de administrar el Estado sino como el dueño de una hacienda, el hombre que es dueño de la tierra, de la bolsa y reparte los reales" (218). En la queja de Escalante resuena un comentario de Uslar Pietri sobre la Venezuela de Gómez: "Eran hombres de la tierra, de raíz rural, que representaban a una sociedad tradicional y sus valores y que implantaban, instintivamente, un orden patriarcal animado de un sentido de equidad primitiva y de defensa de la tierra" (*Nuevo mundo* 170-71). Si, como lo afirma Miguel Gomes en su artículo "La persistencia de la nación", para la época en que Uslar Pietri escribe *Oficio de difuntos*, la separación entre campo y ciudad había ya sido resuelta mediante "la aceptación plena de una identidad ciudadana" (116); la amenaza de un regreso a una "equidad primitiva", surgida del mundo agrario, no tiene otra opción más que representarse bajo rasgos fantasmales.

Si Miguel Ángel Campos afirma que la meta de Gallegos en *Doña Bárbara es* "fijar los referentes de una sociedad agraria de aspiración civilista" (485); en *Oficio de difuntos* el propósito del autor implícito será anunciar el retorno del padre agrario a una sociedad que, aunque se define a sí misma desde lo urbano, no cesa de anhelar la simplicidad de los valores asociados al campo y a la familia. El caudillo había surgido como una fuerza de poder privado destinada a recuperar los derechos de posesión de la tierra ante la Corona –lo que en última instancia dio como resultado la independencia (Wolf y Hansen 168-69)–. Cipriano Castro, y luego Gómez, continuaron esta lucha por la tenencia de la tierra. Luis Cipriano Rodríguez califica la revolución de Castro como una "insurrección campesina" protagonizada por un grupo de jóvenes terratenientes que basaban su riqueza en la explotación del café, el cacao y el comercio del ganado (92). La presión por la tenencia de la tierra, con la llegada de la Revolución de 1899, se convirtió en acumulación de grandes latifundios –en *Oficio de difuntos*, Peláez, durante su persecución contra pequeños líderes armados y sus ejércitos, se graba los nombres de las tierras que recorre, porque quizás "[a]lgún día podría comprar aquello" (114)–. Ante la presencia de un poder centralizado y siempre creciente, la oligarquía venezolana no tuvo más remedio que asociarse "a terratenientes surgidos del nuevo liderazgo político-militar impuesto al país" (Campos 92). Gómez se convierte en el primer propietario agrícola de Venezuela hasta 1935.

Sin embargo Peláez, representado como el hombre que jamás olvidó sus costumbres rurales en cuanto poco cambia sus hábitos alimenticios o su mobiliario personal, refiere lo que Tom Brass ha denominado el *mito agrario* (9-10). Su conexión con ese mundo es un fragmento que se ubica en el pasado de su vida en la cordillera y se impone sobre la real naturaleza de su maquinaria financiera, basada en la acumulación de tierra.

Dentro del *mito agrario*, esquema básico de comprensión del manejo del Estado en términos que lo asemejan a una familia, la explotación de la tierra a gran escala y la industrialización son concebidas como aberraciones que interrumpen el progreso natural de la sociedad. La migración del campo a las nuevas urbes, el crecimiento de cinturones de miseria y la pérdida de la cultura campesina no son analizados como factores que obedecen a una lógica de poder y de distribución determinada de la riqueza, sino que se interpretan como alienación e interrupción de una evolución natural (Brass 11, 14). Los efectos de la explotación del petróleo en la historia de Venezuela, primero como una intervención en un paisaje idílico, y luego como sinónimo de renta y dependencia, sin duda encuentran un antídoto simbólico en la filosofía promulgada por el narrador de *Oficio de difuntos* (Campos 485). Intelectuales venezolanos como Miguel Otero Silva y sus *Casas muertas*, Mariano Picón Salas y el mismo Arturo Uslar Pietri, tuvieron grandes inconvenientes para aceptar el paso de Venezuela de una sociedad que se identificaba con el mundo rural para caracterizarse por lo urbano (Torres 114-22). Mariano Picón Salas en *Problemática de hoy* hablaba todavía del "prudente estilo campesino de vida" (Torres 118). Uslar Pietri, como ya se describió, alababa la figura del caudillo rural y su sistema de distribución de la riqueza.

Y esta es una de las recurrencias fantasmales de la representación de Aparicio Peláez y en general en toda la tradición de anécdotas sobre

Gómez. Su visión personal coincide con una arcadia perdida y anhelada: trabajo y tierra para todos, una comprensión simple de las diferencias y los roles de género, seguridad manifestada en cárcel para los disidentes e interés en "las cosas de aquí" para dejar que los extranjeros se ocupen "de las de allá". "Quién hubiera creído que aquel pegostre negro iba a valer más que el ganado" (249). Ante la invasión de máquinas, ingenieros, jornaleros, torres, el hacinamiento en campos de madera construidos al frente del lago y la amenaza de una presencia aún más directa a través de la refinación local, promulga un dictamen que ha pasado a la historia popular y a la novela como un hecho ritualizado: "Qué pongan las cosas en otra parte. Aquí no me van a traer el desorden" (249).

Aunque en *Oficio de difuntos* Peláez aparezca representado como brujo, subrayando su separación racial como indígena, esto en nada contradice el hecho que se le retrate como un patriarca blanco. En *Mi compadre*, Fernando González mencionó en 1934, mientras Gómez aún vivía, la justicia y rectitud que se asociaban a su figura: "Nació, creció y formó una fortuna en montaña fronteriza, en medio de guerrillas de los dos países. Llegó a ser un hombre muy considerado, por su firmeza, cumplimiento, seriedad. Se podía confiar en él. Era seguro. En fin, en el Táchira lo llamaban *mano Juan*" (43, énfasis en el original). Las primeras páginas de *Oficio de difuntos* retoman la biografía de Gómez como un exitoso hombre de negocios que se fió de los sueños de un general ambicioso (es decir, de la figura histórica de Cipriano Castro). De igual forma, como se ampliará en la siguiente sección, la particular relación de Peláez con las mujeres se debe a su imposibilidad de interrumpir su trabajo, primero en la hacienda, y luego en la base militar y en la presidencia. Cuando uno de los hijos de Peláez muere durante la peste, se muestra el verdadero alcance de la descripción de Peláez como padre: "'Hoy ha muerto mi hijo Omar. Lo quise mucho' [...] Durmió junto a mí muchas noches. Cuando yo muera quiero ir a dormir junto a él" (215) –un fragmento que está presente en otras fuentes de carácter biográfico, como en *A Halo for Gómez* de John Lavin, lo que demuestra que quizás haga parte del banco de anécdotas de Gómez destinado a acrecentar la altura de su figura como patriarca (255)–.

Al ficcionalizarse la pertenencia a la cordillera y a la frontera con el Nuevo Reino, se objetiva el fragmento "blanco" de forma que se obvia, sin ningún perjuicio, lo manifestado antes sobre sus rasgos indígenas. En *Oficio de difuntos* resuena el deseo por parte de las élites de afianzar una idea de identidad propia, pues sin la participación de los círculos políticos y de gobiernos anteriores a 1899, y sin los prejuicios raciales y de clase presentes a finales del siglo diecinueve, el ascenso de los andinos no hubiera tomado la ruta expedita que siguió. Este exceso se repite en el futuro y es por ello que el padre agrario pondrá en peligro la instauración de un régimen democrático –al menos en dos ocasiones–. La supervivencia de estas descripciones sobre el origen de la figura de Prato y Peláez, y su distinción en *Oficio de difuntos*, habla de un deseo inconsciente por parte del autor implícito de justificar una postura racial mediante la afirmación de que Prato y Peláez procedían de un sitio en el cual estaban más cercanos a la positividad asociada al elemento blanco, representado a su vez en el buen momento económico, social y político del cual gozaba El Táchira –"la cordillera"–.

Wright afirma en *Café con leche: Race, Class, and National Image in Venezuela* que hubo ciertos factores económicos y políticos que contribuyeron al establecimiento de un sistema social con una mayor participación institucional de los descendientes africanos en las zonas centrales, las costas y los llanos venezolanos que se tradujo en una mayor mezcla racial –la categoría *pardo*– si se compara, por ejemplo, con Brasil o Argentina, aunque nunca a un nivel de estricta igualdad entre blancos y negros (9). Venezuela, en primera instancia, debido a su situación periférica, fue dejada fuera de las rutas comerciales entre los dos más grandes centros coloniales, México y Lima. Este factor, aunado a la inexistencia de sociedades indígenas avanzadas que proveyeran un sistema social sobre el cual asentar un imperio, impidió una masiva inmigración española a la región (14). Los exploradores ibéricos, tanto españoles como portugueses, que llegaron al valle del interior, se enfrentaron con una tozuda oposición por parte de los indígenas que habitaban los valles y la costa, lo que, sin embargo, no impidió que construyeran pequeñas fortunas, basadas en el ganado, la agricultura, en especial del cacao, el trigo, el índigo y el algodón, y una explotación minera escueta (15). El cultivo del cacao, que encontró un mercado en expansión y buenos precios en México e impulsó la consolidación de Caracas como ciudad principal de la región, requirió la existencia de una mano de obra abundante, lo que en un primer momento atrajo la atención de la naciente y frágil burguesía a la población indígena, pero la disciplina de la plantación demostró ser un fardo pesado y muchos de ellos escaparon para ocultarse en el interior. Para la explotación de la tierra se trajeron entonces esclavos africanos que ya tenían experiencia en el cultivo del cacao y cuya dieta se adaptaba a sus condiciones de siembra (16). Su llegada siempre en aumento hizo que, para el final del siglo diecisiete, el centro y el este fueran predominantemente negros, zambos y pardos (16-7). Wright afirma que "At the down of the Independence movement in 1810, as many as 780,000 people lived in Venezuela. Of these, approximately 45 percent belonged to a multiracial group called *castas* or *pardos*" (13).

La pobreza generalizada por las difíciles condiciones de trabajo en la región, las enfermedades, la inexistencia de grandes latifundios, la parcial ausencia de la institución del peonaje y el fomento de las capas dirigentes de la sociedad a la posesión de pequeños lotes por parte de campesinos y artesanos, impulsaron el establecimiento de una sociedad que, aunque todavía dividida entre grandes hacendados de origen español y una masa empobrecida, promovía la mezcla racial. Las élites coloniales nunca "established their identities separate from poor Venezuelans" (Wright 18). Esto iría a cambiar con nuevas imposiciones de leyes raciales a finales del siglo dieciocho que impidieron la ascensión social de negros, mestizos y pardos, pero que fueron en última instancia menguadas por la asimilación de estos miembros de la población a las costumbres de los blancos y por la implementación de las *gracias al sacar* (20-3). La inclusión de los negros y pardos en el ejército libertador de Bolívar, y la guerra de caudillos que se mantuvo en el siglo diecinueve, no contribuyó sino a realzar más la presencia de los pardos y los africanos, pues cada jefe de clan podía imponer su poder sin importar su raza o su color (Wright 27). La instauración de un gobierno pardo con Páez, y las guerras civiles posteriores entre caudillos, aunque no abolieron la esclavitud, tampoco aminoraron el miedo de la población blanca con respecto a la revuelta de los de color. En las confrontaciones que siguieron a la Guerra Federal, la cual trajo la liberación de los esclavos a manos de José Ruperto Monagas en 1854, aunque la propaganda de ambos bandos mostraba la lucha como un asunto racial, lo cierto fue que tanto las tropas centralistas como las federalistas estaban compuestas de mayorías pardas, negras y mestizas. Más que una real guerra de raza, la médula de la confrontación se basó en la clase: el desplazamiento de antiguas élites por unas nuevas y la condonación de deudas en el campesinado marginado y pobre (39).

La llegada del gobierno liberal de Guzmán Blanco y la imposición del centralismo en Venezuela trajeron a su vez una nueva revisión del concepto de raza. Las élites caraqueñas y la intelectualidad se volcaron hacia ideas positivistas que buscaban mejorar la población por medio de la inyección de inmigrantes blancos. La mezcla racial fue vista con malos ojos, a pesar de que en la realidad, la inmensa mayoría de la población era de origen mixto (Wright 43). Fue en estas condiciones de prejuicio racial por parte de las élites ante la población de origen negro y mestizo en las cuales hizo su aparición la inesperada revolución de Castro y su ejército andino en 1899. Nueve años después, Juan Vicente Gómez se hacía con el poder. No extraña por ello que aún en 1976, en la mente del autor implícito de *Oficio de difuntos*, el gran logro de Gómez/Peláez sea el de consolidar una república unida y establecer una nueva aristocracia procediendo de la provincia más remota de Venezuela. Gómez fue acogido por una élite que añoraba la llegada de un gobernante que centralizara el poder, a la manera de Porfirio Díaz en México, y promoviera la inmigración blanca (Wright 72).

En 1902, por ejemplo, César Zumeta en *La ley del cabestro* rememoraba al "dictador culto y de genial energía [que] limpió la clase gobernante, hasta donde ello fue posible, del rastrojo de los campamentos y lanzó al país a una evolución que habría sido salvadora y definitiva sin la catástrofe de 1892" (8). De cierta forma la única explicación a la pregunta del por qué Gómez permaneció en el poder por casi treinta años, no puede responderse sino mediante una referencia a la élite que hizo partícipe en su gobierno y se enriqueció bajo su protección. *Oficio de difuntos* mimetiza esta incorporación a través de nombramientos a los ministros del antiguo régimen y "viejos políticos" que llegaban en cartas selladas muy a pesar de sus destinatarios (155-56).

"Están saqueando las bodegas. Hay muchos borrachos, mucho atropello" (83), se quejan los habitantes en la León ficcional de 1899 en *Oficio de difuntos*. Pero así como los habitantes de las provincias situadas alrededor de Caracas, representados en Solana, ven a los recién llegados como una horda de conquistadores incultos y soldados intoxicados dedicados al saqueo, los andinos se perciben de modo distinto a los habitantes del centro. En *Oficio de difuntos*, al igual que en *El pasajero*, los andinos se representan como procedentes de un origen diverso que, en última instancia, les servirá de instrumento a las élites caraqueñas en su plan de blanqueamiento. Wright, al igual que Burggraaff (8-9), afirma que en la zona aledaña a la frontera colombo-venezolana cercana al departamento de Norte de Santander en Colombia, y al estado Táchira en Venezuela, se tiene una representación propia muy distinta a la que puede encontrarse en las provincias aledañas a Caracas y los Llanos. Para Wright, "according to their own accounts, Táchira had few blacks, boasted a large proportion of mestizos, and had a white aristocracy" (70) y oponían el trabajo diario y la severidad de una vida frugal al relajamiento que percibían en los habitantes del centro, más pardos que mestizos. Estos estereotipos, que se apoyan en la invisibilidad de la población de origen africano en Colombia y la imposición de un blanqueamiento cultural generalizado, en todo caso demuestran que la presencia de las élites blancas era mucho más fuerte en el Táchira que en la Venezuela dividida por el caudillaje, aún en 1899.

Esas distinciones están basadas, por supuesto, en los estereotipos de raza heredados del dominio colonial. Wright afirma que "despite a high degree of racial mixing, and social advance for the nation's mixed racial population, whites still followed long-held convictions when it came to their evaluation of blacks" (46). Los andinos, en su representación propia, replicaban estos estereotipos y se definían como el grupo ejemplar de trabajo, disciplina, constancia y frugalidad. Este fragmento está presente incluso en *El pasajero de Truman*, cuando Escalante le recomienda a su secretario las virtudes del trabajo, la puntualidad y el buen vestir. Como lo señala Burggraaff, el Táchira se había desarrollado de forma disímil al resto de Venezuela a causa de su aislamiento geográfico, las dificultades en la comunicación y transporte, y su desarrollo histórico –compartía con los santanderes colombianos una misma historia al haber estado ambos en una provincia a cargo de Bogotá (8-9)–. Para el final del siglo diecinueve, Táchira gozaba de una época de oro basada en la explotación del café, que para la fecha era el mayor rubro de exportación venezolano, lo que creó un avanzado sistema pedagógico al lado de la figura del Padre Jáuregui, como lo anota Tulio Chiossone, en el cual se educaron Román Delgado Chalbaud, Diógenes Escalante y Eleazar López Conteras entre muchos otros (109). Esto produjo un desarrollo económico que contrastaba con las dificultades sanitarias y políticas del centro de Venezuela. El café no era explotado por grandes hacendados, sino por pequeños propietarios, lo que democratizó la sociedad tachirense. Sus habitantes eran más educados, tenían mejores casas, estaban mejor alimentados y por tanto eran mejores soldados y trabajadores. La revolución llegó entonces como el deseo de los tachirenses por buscar un mayor control político y mayores oportunidades para su clase media (Burggraaff 9). Esto implicó, desde los esquemas raciales positivistas, que los habitantes de los valles, las costas y el centro, pero en especial las élites caraqueñas, percibieran a los tachirenses como un grupo más cercano a lo blanco, que en definitiva, representaba lo no-negro. A su vez, los tachirenses se identificaban como un grupo distinto al que se ubicaba en el centro y en los valles, que por su herencia colonial ya se asemejaban con el salvajismo y el atraso procedentes del elemento negro y esclavo.

José María de Samper, quien hizo un viaje desde Colombia hasta Venezuela, hablaba de una distinción geográfica que equivalía a una separación por grupos humanos semejante a la que existía en la colonia. En 1861 afirmaba que "[e]s natural suponer que las condiciones típicas de las razas que se conservan todavía puras, eran en la época de la conquista poco mas ó menos las mismas que hoy". Y esa distinción la apoyaba en la división ya existente de los pueblos indígenas a la llegada de los españoles: los indígenas más cultos y civilizados se ubicaban en los altiplanos y las

La máquina dictatorial

laderas de las montañas y los grupos más atrasados, en los valles inferiores. La colonia y la introducción de esclavos acentuó, para Samper, esta distinción: los africanos y sus descendientes se ubicaron en la base de las montañas porque la situación geográfica de las minas así lo requería, los indígenas y mestizos pobres en las zonas intermedias, y los españoles y blancos en general, junto a mestizos con riqueza y posiciones influyentes, en las zonas altas. Esto creó dos áreas distintas y un movimiento humano de mezcla, blanqueamiento y mestizaje:

> La civilización tenía que descender hacia las faldas y los valles para propagarse allí, explotando el suelo aurífero y verdaderamente tropical. La barbarie debía subir hacia las altiplanicies para desaparecer ó modificarse profundamente. Es en ese doble movimiento que se encuentra en gran parte la explicación de los cruzamientos que se han verificado entre las diversas razas de Nueva Granada. (Samper)

Del lado venezolano, argumentos similares a los de Samper sostenía en 1896 el historiador venezolano José Luis Gil Fortoul –quien en la década de los veinte coincidirá con Escalante en oficios diplomáticos. Siguiendo a Bagehot afirmaba que los hábitos y disposiciones intelectuales son heredados y que por tanto se hacía necesario facilitar la inmigración de la población blanca y europea, donde "la acumulación" de conocimientos era mayor que en África y Latinoamérica (*El hombre* 33-5). Para Gil Fortoul la historia era una lucha entre el hombre y el medio, y la civilización era el resultado de la imposición del primero sobre el segundo. Y añadía que, mientras el llano se caracterizaba por su extensión y dificultades de su clima, al igual que en la costa y el centro, el sitio perfecto para que esta población viviera con más facilidad era las zonas altas, en especial en los Andes (67-9). Aún en una fecha tan tardía como 1936, Thomas Rourke daba cuenta de criterios similares a los manifestados por Gil Fortoul y vinculaba a Gómez con lo blanco y las características sociales y humanas cercanas a los estereotipos mencionados arriba: las tribus ubicadas en las cordilleras de los Andes y "in the northwestern part, have always been vastly superior to the lowland tribes of the rest of the country" (11).

En última instancia, la categoría "brujo" está al servicio del "padre blanco" y en sus razonamientos resuena el mito agrario, pues se trata de un padre con poderes sobrenaturales. ¿Cuál es el propósito y la finalidad del ensamble de esta máquina hecha de la objetivación de elementos contradictorios? La respuesta parece fundarse en la necesidad de afirmar la positividad del contenido Gómez/Peláez en un horizonte en el que existen figuras míticas y de orden popular que se oponen a la visión de una religión que descansa en la masculinidad del padre. Si la referencia al brujo revela los secretos de Gómez para permanecer en el poder, la mano como deidad aparece, en segunda medida, como un recurso más en este propósito de afianzamiento. Un culto con raíces e imágenes claras que subrayan su dependencia y la prevalencia de lo masculino:

> Lo que veían ya no era el hombre menudo y envejecido, rodeado de sus ayudantes militares. "Lo veían con los ojos de sus mitos". Recordaba al embrujado Changó de los negros, al Amalivaca de los caribes, al gran Manitú, a Quetzacoatl, la serpiente emplumada, al Nazareno milagroso, bamboleado entre un cerco de cirios, cubierto de sedas e imploraciones. (*Oficio* 325)

La mano en la rienda

Para Solana su situación comprometedora, manifestada en alabar a quien no se puede alabar, pero que ha terminado convirtiéndose en figura de culto por acción de contar lo que en principio sería inenarrable, no ha sido causada por él mismo sino por un "ángel malo" (*Oficio de difuntos* 9). Este poder mágico que lo lleva a situarse al frente como víctima, se representa mediante una sinécdoque del poder y un elemento esencial en la constitución del espacio religioso: la mano. Si en *El Señor Presidente* la objetivación del ojo y la oreja se convierte en material de una representación monstruosa, en *Oficio de difuntos* la mano será el eje de la figuración de la autoridad de Aparicio Peláez, como una pieza más que se ensambla a la máquina. Solana, al describir el poder que lo trajo ante esa situación de compromiso afirma que "[a]quella mano de fatalidad lo había ido a buscar en su escondrijo para ponerlo a la vista de todos" (9). Además de la representación de brujo y de padre, la mano es otro de los elementos centrales en la representación sobrenatural de Peláez en la obra. Parece que la mano está presente en todos los momentos de su vida y que de cierta forma Peláez lucha contra el poder que representan otras manos que intentan expulsarlo de su posición central de gobierno perjudicando a sus familiares.

La mano tiene una profunda afinidad semántica con el poder y la autoridad en cuanto le sirve de símbolo gracias a una relación metonímica basada en la sinécdoque y la metáfora. Atrapar, saludar, expulsar, acoger o mandar, son acciones que se realizan mediante una señal o un movimiento de la mano –fundado en el canje del instrumento por la acción–. Pero al mismo tiempo, como parte de esa sinécdoque inicial, la mano sirve como metáfora del poder institucional, lo que implica una apertura metonímica aún más amplia. Y por ello la mano, como se verá más adelante, especialmente en la religión popular mediante el símbolo de la "mano poderosa", se venera como si fuera una más de las divinidades de un culto sincrético, como una entidad simbólica vaciada de la sinécdoque inicial que le ha servido de plataforma para su representación.

La mano se presenta como la materialización del escoger, como se aprecia en el ejemplo ya citado sobre la forma en que Solana identifica su posición al frente de los oficios fúnebres de Peláez. Peláez también había sido elegido como nuevo jefe "con la mano como si los demás no lo conocieran", en caso de que Prato muriera (*Oficio de difuntos* 70). La mano también simboliza el poder de la oposición y la oportunidad de un cambio repentino de gobierno, pues una vez muerto Peláez, se temían "[a]lzamientos militares, golpes de mano, anarquía, violencia" (12). Peláez sería la manifestación de un poder aún mayor en cuanto fue capaz de hacerse con la presidencia mediante un golpe pacífico en 1908 y resistir las revoluciones que se creaban en el centro de sus filas atendiendo a sus pálpitos de brujo, como se ficcionaliza en *Oficio de difuntos*. Y cuando Peláez busca los culpables de los movimientos que intentan tumbarlo, recurre también a una referencia que invoca la mano: "Que los aprieten [...] Alguien esconde la mano" (225).

La mano también se representa como una cualidad de su sabiduría agraria cuando Peláez se refiere a las nuevas condiciones de las que goza en la capital y que se le antojan como "arre[ar] puro novillo fino" (93). Su ayudante, Lino Zorca, responde: "Pero la mano es la misma, general" (93). Es una mano enraizada de principio a fin en un imaginario masculino que no cede a la deconstrucción que sufre en *El otoño del patriarca*, donde se dice que sus manos eran "lisas de doncella" o de novia. La peculiaridad mayor de la repetición de la mano como elemento central del poder en *Oficio de difuntos*, surge de su coincidencia con uno de sus rasgos biográficos más conocidos: el hecho de que siempre llevara guantes y que nunca dejara que sus manos fueran expuestas. Según Lavin, el único momento en que Gómez se quitaba los guantes era para tocar una de las imágenes sagradas que mantenía en su cuarto y pronunciar una oración de protección (234). En la obra de Uslar Pietri, la referencia a las manos que saludan cuando sube por primera vez al poder al lado de Prato y se apoyan en un bastón –también un símbolo de poder, en especial en cuanto refieren un cayado de pastor– están enfundadas: "Nada traslucía en el rostro imperturbable del vicepresidente. A ratos, nerviosamente, su mano jugaba con el puño del bastón, un curvo cuello de cayado de oro. Las manos ocultas en los guantes de plomiza cabritilla, se movían continuamente" (25).

También la mano aparece como un instrumento de posesión erótica que despoja la aceptación de parte de la mujer, una característica que se ampliará más adelante: "Todo era hembra y rijo y ocasión de coyunda [...] en el comienzo de la sombra de la tarde que era como el principio de la sombra, mano arriba por los muslos cerrados. Cosa de un instante, de una sed, de una sacudida. Nacían a veces hijos" (34). Del sermón inacabado de Solana solo resta la referencia a la mano: "'La mano que empuña la rienda...' Allí se cortó la escritura" (275). Y posteriormente, también interrumpida en referencia tanto a su situación como a la de Peláez afirma que "[u]na mano poderosa saca a los hombres de la turba oscura para ponerlos en la columna de sacrificio que es el honor de servir" (323).

La mano, por su alto grado de ambigüedad, por su centralidad en la constitución del espacio religioso y por su relevancia en la religión popular, es capaz de simbolizar el poder de Peláez, y a su vez, la representación ficcional de Juan Vicente Gómez como Aparicio Peláez en *Oficio de difuntos*. La mano es, en primer lugar, un elemento ambiguo que simboliza tanto el bien como el mal. Siguiendo a Lefebvre, se podría afirmar que la mano, ya desde su constitución como órgano capaz de transmitir grandes cantidades de energía, como la que se necesita para transformar la realidad por medio del trabajo, y cantidades mínimas, como las de la caricia o el reconocimiento, es un miembro que con facilidad se presta a la comunicación (213-14). Es por ello que Lefebvre manifiesta, al igual que Kim Knott, que la mano es un agente independiente cuyas expresiones constituyen lenguaje (Lefebvre 213; Knott 133-48). La mano representa tanto la potestad del padre, la madre o el sacerdote para acariciar o bendecir (para desear, por medio de un signo, el bien), como del ladrón o el malvado para robar, violar, apresar y asesinar. La mano es tanto un instrumento por el cual se atrapa la realidad como la principal fuente de información sobre la forma, la temperatura y el movimiento de las cosas. El trabajo comunitario se simboliza con la presencia de muchas manos. Las direcciones se señalan con la mano. La mano alimenta, limpia, abraza, estimula y hasta sirve como espacio para prever el futuro. Las manos rezan y también expulsan (Knott 133-34).

En *Ser y tiempo*, Heidegger define que las cosas se hacen presentes, pero también ausentes e invisibles, a través de un ordenamiento en *zonas* de significación donde se organizan según criterios de utilidad y cercanía. Las cosas se presentan siempre mediante la disposición a servir a un fin y, por ese hecho, deben acomodarse en relación a esa utilidad para la cual el ser humano las concibe. Heidegger llama a esa cualidad "el *estar a la mano* [*Zuhandenheit*]" (97, 125). La mano no es solo fuente de conocimiento o instrumento de lenguaje y transformación del mundo: es la cualidad epistemológica inherente que sirve para catalogar las cosas como cosas, siempre dispuestas a un fin. El control económico y político de Gómez/Peláez fue una forma concreta de tenerlo todo a la mano mediante un esquema de organización burocrático basado en un nuevo centro administrativo —otra forma de representar la reclusión de todos los flujos de producción en el cuerpo del déspota—. En *Oficio de difuntos*, Tacarigua, como eje desde el cual emanaban las órdenes de Peláez y se concentraba el grueso del parque y el ejército, requería que tanto la burocracia estatal como las élites encargadas de los negocios tuvieran que acudir a ella, lo que a la vez implicaba que las personas sobre las que reposaba la administración del régimen debían estar, por tanto, a la mano. En los inicios de la consolidación de Peláez como jefe militar, el tren y más tarde el sistema de carreteras, según es ficcionalizado en *Oficio de difuntos*, le sirvieron como una estrategia para movilizar un gran número de tropas con rapidez y a bajo costo. La celeridad y facilidad estratégicas facilitaron poner en jaque las insurrecciones de caudillos menores y la centralización definitiva del Estado. Con el tren y las carreteras, el país se controlaba, por tanto, con solo estirar la mano. Las insurrecciones se convirtieron en campañas costosas que implicaban la consecución de ingentes cantidades de recursos, haciéndolas virtualmente imposibles (MacBeth, *Dictatorship* 374-75). Como metonimia del control absoluto de Gómez/Peláez sobre el país, el estar a la mano fue una de las dinámicas centrales de su estrategia administrativa. *Oficio de difuntos* describe la mano de Gómez Peláez como un instrumento que produce, controla y transmite el poder: "Por miles de bocas hablaba su voz y por miles de manos llegaba su contacto hostil o amistoso" (307).

A lo anterior habría que añadir la función que cumplen los guantes en el cuerpo de Peláez. La fuerza sobrenatural que reside en sus manos se acentúa al analizar el hecho de estar siempre ocultas y solo descubiertas a la hora de buscar protección. Los guantes, siguiendo la lógica de Heidegger con respecto al estatus de las cosas (*Zeug*, lo que Jorge Eduardo Rivera en su traducción llama el "útil"), funcionan dentro de zonas de acción y significación, y por ello pueden ser catalogados como herramientas, es decir, como elementos orientados a un fin. Richard Polt afirma que los guantes no son cosas en sí mismas, sino que se ordenan en un esquema más general, como la ropa de invierno o el trabajo. Su propósito es dar calor o protección junto con otras prendas que sirven para el mismo objetivo (51-2). Pero en el momento en que los guantes están rotos o se extravían en un día de invierno, dejan de funcionar para ese propósito. Lo que en un primer momento estaba perdido en esa red de funciones, se convierte en un objeto presente en la consciencia del sujeto (53).

El caso de Gómez/Peláez plantea cuestionamientos similares a la verdadera finalidad de los guantes y al valor de la mano. La mano se comporta, como se dijo más arriba, como un lenguaje de signos con una importancia crucial en la constitución de las relaciones en el mundo civil y en el espacio religioso. El guante, como herramienta, se acomoda en una plétora de referencias que le dan valor de acuerdo a la finalidad a la cual se orienta. Pero en el caso de Gómez/Peláez, el guante no tiene función probada alguna, a no ser que afirme la historicidad de la enfermedad cutánea nunca demostrada (Olavarría 45; Rourke 56). No se puede asegurar que los use como escape al invierno. A pesar de sus visitas a sus propiedades, no se menciona que participara directamente en las actividades manuales y que por ello los necesitara. También es cierto que esos guantes, al menos en lo que expone *Oficio de difuntos*, Juan Vicente Gómez y Lavin, los llevaban en las ceremonias públicas como parte de su uniforme. La única razón que explique la zona a la cual se adscriben podría ser el uniforme mismo. Pero el guante sirve más para encubrir su propia mano, lo que produce una serie de equívocos dignos de mención: el valor central de la mano como símbolo del poder en lugar de mostrarse, se encubre. Más allá de la figura, las manos ocultas por los guantes expondrían una metáfora de un poder oculto pero dignificado en el esquema del uso de su uniforme.

    La mano amplía la significación de Gómez/Peláez a contextos míticos, religiosos y populares. Las categorías de pureza e impureza se relacionan de modo estrecho con la mano y la espacialidad izquierda/derecha. En la lógica cristiana del juicio final, se había establecido una radical diferencia entre la derecha y la izquierda, entre los justos, representados como "las ovejas" (los benditos), y los otros, como "los cabritos" (los malditos) (*La Santa Biblia*, Mt 25: 31-46). El evangelio habla también de la inexistencia de comunicación entre la mano derecha y la izquierda a la hora de dar limosna (Mt 6; 3-4). Knott hace particular referencia en la "carga (*burden*)" que ha sido impuesta en las culturas árabes, africanas e indias en las cuales la mano derecha, por su estrecha relación con lo puro, se asocia con la comida y la izquierda con los excrementos (137). En occidente, la relación entre las manos derecha e izquierda es del todo diversa, y en cierta forma la mano izquierda goza de una más alta reputación, pero en última instancia se relaciona con la etiqueta en la mesa, prácticas de auto-control o ritos –la posición del anillo de bodas y el reloj, el estrechar la mano, la bendición, la unión de manos en el matrimonio, juramentos, etcétera–.

En la religiosidad popular, la mano se reverencia bajo la acepción de "mano poderosa". Aunque quizás no sea original del culto a María Lionza en Venezuela, el traspaso de divinidades y figuras de otros sistemas religiosos es una práctica común y extendida, lo que explica su centralidad en este sistema de creencias (Barreto 9; Martín 169). Martín revela que en un primer momento del culto, la mano se refería a "la mano negra", una sinécdoque que representa la fuerza africana que compone, junto con el poder blanco y el indígena, los tres pilares de la religión sincrética y popular que venera a María Lionza. Pero, como lo explica Judith Huacuja, en una de las pocas fuentes directas sobre el tema, la "mano poderosa" es a su vez una figura de culto en México, donde se venera a través de estampas en las cuales aparece lo que se presupone es la mano derecha de Dios (o de Cristo) sobre cuyos dedos reposan San José, la Virgen María, San Joaquín y Santa Ana, y en el pulgar, el Niño Jesús.

Tal vez perteneciente a una tradición pre-cristiana en la zona de México y Centroamérica, donde la mano simbolizaba protección, la religión popular en Venezuela y el culto a María Lionza han adoptado su veneración como uno de sus elementos constitutivos, como se refleja en el trabajo de Michael Taussig. En 1992, Taussig describe que en uno de los altares que visita como parte de su estudio, al lado de la imagen de Simón Bolívar y María Lionza, "[c]ontra la pared, a un lado, está la imagen de la mano sagrada de Dios (la 'mano poderosa')" ("La magia" 500). Existe una conexión clara entre ella, como símbolo desprovisto de su originaria relación con la "mano derecha de Dios (o de Cristo)", y una sonora adjetivación que se encuentra en una de las oraciones popularizadas por el culto: "No me desampares y la puerta que quiera abrirse en mi camino, sea tú [sic] mano poderosa la que me la cierre para no entrar en ella si no me conviene" ("Oración"). En este caso el autor de esta versión acentuó el pronombre "tú", poniendo en claro el vaciamiento del sentido original, es decir, que se trata de la mano de alguien. Al acentuar el pronombre, "la mano poderosa" pasa a cumplir la función de vocativo, pero la autora olvida las comillas. Esta llamativa confusión confirma el valor simbólico de la figura y la lenta pérdida del sentido inicial que le era adscrito como una sinécdoque hasta convertirse en un término independiente digno de rezos y ofrendas.

La mano como metonimia del poder en el caso de Peláez/Gómez es un símbolo efectivo con una intencionalidad clara: Peláez es "La mano que empuña la rienda" y dirige por tanto el manejo del país como lo haría un capataz o un hacendado, es decir, "con la mano", desde la lógica del mito agrario y del sistema de justicia que impone su lógica primaria de retribución. ¿Cuál es el objeto de las continuas referencias en *Oficio de difunto* a la mano de Peláez, mencionadas una y otra vez, en algunos casos interrumpidas para luego ser mencionadas, aunque en otras interrumpidas porque su incapacidad para ser representadas es evidente? La mano de Gómez/Peláez es la imagen que mejor condensa la capacidad del déspota de concentrar todos los flujos dentro de sí mismo y de ampliar su horizonte a contextos que superan el Edipo –la patria como madre y el ciudadano como hijo–. De forma inconsciente, precisamente a partir del lapsus, repeticiones e interrupciones, la mano no solo se presenta como la mano del padre que reprime o castiga al hijo. Puesta en relación con el culto simbólico y mítico que *Oficio de difuntos* se esfuerza en estabilizar por medio de la objetivación de fragmentos contradictorios, la mano se extiende al campo religioso-popular, ampliando la capacidad del déspota de centralizar los códigos a espacios que antes era incapaz de abarcar. El exceso, en última instancia, define a Gómez/Peláez como idea, en particular en la historia de su ser como idea, esto es, en la nueva inyección de alianzas y filiaciones que conllevó su aparición com un rayo desde la frontera, en los anhelos que las élites cifraron en su persona como estrategia de blanqueamiento y en el siempre pretendido espíritu agrario que lo caracterizó. La mano como estrategia continua de interrupción y repetición amplía el alcance de ese exceso, de forma que su regreso puede ahora concretarse no solo en el campo político, sino también en el religioso, contaminando con sus flujos los contextos que antes le eran lejanos. El poder de su mano rivaliza la amenaza popular de la mano poderosa, más negra y situada en la periferia, pues la mano de Gómez/Peláez es también una mano sobrenatural que desliza en la noche, más blanca y un sinónimo del centro, capaz de establecer una comunicación sutil pero eficaz con todos. La mano de Peláez proviene de la derecha, de la justicia y la responsabilidad del padre proveedor, para castigar a todo aquél y a todo aquello que surja de la izquierda, como desorden, caos, modernización desordenada o influencia extranjera. "Nosotros en paz aquí adentro y en paz afuera, con todo el mundo" (*Oficio* 166). Una mano monstruosa, por lo extensivo y exagerado de sus ambiciones de centralización.

Además, es una mano que surge del mundo de la escritura, cuya historia como poder devenido del déspota, ha condenado la grafía a renunciar al baile que la caracterizaba para fijarse en la tabla de la ley –"the voice no longer signs but dictates, decrees; the graphy no longer dances, it ceases to animate bodies, but is set into writing on tablets, stones, and books; the eye sets itself to reading" (Deleuze, *Anti-Oedipus* 205)–. Desde el mundo de la escritura se implanta otra máquina, destinada a centralizar los espacios que habían sido dejados por fuera –una mano monstruosa–. Lo que aquí se configura por medio de la actualización de significados antiguos y la adición de nuevos, es el fetiche. "These are the two aspects of the full body: an enchanted surface of inscription, the fantastic law, or the apparent objective movement; but also a magical agent or fetish, the quasi cause" (*Anti-Oedipus* 154). Peláez no aparece como el producto de una cadena de alianzas que se impone desde afuera como un sistema de filiaciones, surgido gracias al agotamiento de la máquina territorial. De la cadena de significados que se generan en relación al déspota, se ha desprendido uno que inmoviliza la memoria y petrifica la imagen del fetiche (Lacan, *Écrits* 167). Es Peláez, o mejor aún, la mano milagrosa de Peláez, la que se impone como una presuposición que engendra el territorio, las alianzas, las filiaciones, el Estado, la riqueza y la paz. "Forces and agents come to represent a miraculous form of its own power: they appeared to be miraculated by it" (*Anti-Oedipus* 10).

La máquina dictatorial

Acople: El vampiro de los Andes

La explicación más común sobre la finalidad que empuja el funcionamiento de la máquina dictatorial descansa en el enriquecimiento del tirano y de su círculo de allegados. El arribo del ejército tachirense y la imposición del régimen de la Restauración crearon una nueva clase de ricos, o enriquecieron aún más a los que ya lo estaban, en especial si apoyaban a Gómez. Como lo explica Doug Yarrington en su artículo "Cattle, Corruption, and Venezuelan State Formation during the Regime of Juan Vicente Gómez", el gobierno de Gómez fue concebido como una suerte de "sultanistc regime", una gran maquinaria económica destinada a recompensar, por medio del aprovechamiento de la riqueza agraria, a quienes apoyaban el poder y condenar a aquellos que se atrevían a cuestionarlo (10-13). Para 1903, Gómez tenía el control del comercio de la carne de res mediante la adquisición de los terrenos aledaños a Caracas, cuyo epicentro era Maracay, el desplazamiento de los ganaderos de los Llanos, la privatización y oficialización de los mataderos públicos y la prohibición del consumo de carne fresca, lo que convirtió la carne congelada, más blanda, en un ritual de dominación y control diario (14-18). Hizo de los presidentes de las provincias, muchos de los cuales eran sus familiares, como fue el caso de su primo Eustaquio Gómez, sus socios comerciales, lo que significaba que a mayor cuidado que pusieran a sus negocios, mayor rendimiento económico recibirían, garantizando un control casi personal en el que los responsables de los negocios quedaban "a la mano". La imposición de las leyes estaba supeditada a los negocios de Gómez —como lo ejemplifica Yarrington al citar la prohibición de transportar carne fresca o matar garzas (22)–. Esta transformación del poder económico en control político e ideológico contribuyó a afianzar el nombre de Gómez como el centro del poder. Y como concluye Yarrington, "Gómez succeeded in convincing ordinary people that they were under constant surveillance, with some even attributing to Gómez omniscient powers as a *brujo*" (26).

De igual forma, aunque tarde, las concesiones del petróleo ayudaron a fortalecer su control absoluto sobre Venezuela. McBeth, al iniciar su recuento sobre las relaciones de Gómez con el petróleo, menciona que ante

143

la pasividad de las élites caraqueñas por invertir en el país y la imposibilidad de conseguir créditos significativos en 1908, se hizo necesario para Gómez confiar en que el dinero proviniera de manos extranjeras (6). Para ello reformó el Código Minero de 1906 de manera que la explotación recayera en la decisión del Estado, quien escogería si invertiría directamente o a través de terceros. Y la elección de los terceros era también decisión del Estado, el cual le entregaba los nombres de los elegidos al congreso para su nombramiento (7-8). La Comisión Permanente de Fomento de la Cámara de Diputados del Congreso era la encargada de decidir quién haría la explotación de los minerales. En 1914, José Vicente Gómez Bello, hijo de Gómez, fue elegido como miembro, al igual que Carlos Delfino, casado con una de sus hijas (17). Como lo demuestra McBeth, "it was Gomez's close family and entourage that would benefit most from the development of the oil industry during the 1920's" (91, 91-7). Las luchas intestinas entre los miembros del clan Peláez por la adjudicación de las concesiones es uno de los episodios narrados en *Oficio de difuntos*, al punto que hasta los nietos participaban como correos para convencer al abuelo de nombrar al padre como delegado directo (250, 246-54).

Nunca se ha mencionado, sin embargo, la existencia de una finalidad distinta, ligada a la exagerada masculinidad que se adhiere a su figura. Se habla aquí de la incorporación de otra máquina más con códigos establecidos que decretan la sujeción de la mujer a una figura mítica. En 1936, a solo un año de la muerte de Gómez, Thomas Rourke presentaba en su volumen *Tyrant of the Andes* –el cual se convierte por momentos, gracias a la profunda influencia de la novela-ensayo de Fernando González, en panegírico de la figura todopoderosa del caudillo andino– una fotografía en la que muestra la alteración a la que fue sometida una de las efigies más difundidas sobre Gómez (305). Su mirada de patriarca impasible había sido remplazada por unos ojos inyectados en sangre, su mostacho por unos pelos de alambre semejantes a los bigotes de un pez, y su sonrisa de satisfacción por una mueca terrible de la que salían dos desproporcionados colmillos. El benévolo padre agrario, señala Rourke, había sido mutado en un bagre. La mención de los colmillos encubren un sentido nunca predicado directamente de Gómez: el vampiro. Sin embargo, varios elementos se habían relacionado con la acepción, como la creencia mencionada sobre su salud que dependía del consumo diario de sangre de niños. Lo que importa manifestar, en última instancia, es que la imagen de Gómez en *Oficio de difuntos* además de señalar un conflicto racial y de clase, indica también un conflicto de género expresado como la ausencia total de autonomía por parte de la mujer en la obra y que ambos conflictos se expresan a través de una figura en la cual están codificados –el vampiro–.

Una de las peculiaridades más notables de *Oficio de difuntos* se relaciona con la representación de la mujer y con la relación de Aparicio Peláez con las mujeres. El universo femenino, al igual que la caracterización de las relaciones de Peláez con lo femenino, están dibujadas en un horizonte de otredad y objetivación que resultan particulares. Durante su estancia en la frontera con Colombia, antes de conocer a Carmelo Prato, Peláez era un hacendado que heredó la finca de su padre y se dedica a los negocios de la tierra, gracias a los que ha amasado una pequeña fortuna. Las mujeres en los campos de café, se presentan ante Peláez con una sexualidad exagerada que termina en la cópula en cualquier lugar del campo: "Tenían una manera de mirarlo que era como de provocación o de espera. No recordaba con cuántas de ellas se había echado sobre las hojas caídas o había pasado un rato de sombra vehemente en el escondrijo del rancho" (34). De los encuentros surgían hijos que Peláez mantenía en su hacienda como peones que a su vez lo convertían en un ser más "encaparazonado y protegido" (34), al servir de lazo que cementaba, por medio del vínculo de sangre, las relaciones y la lealtad que le servían para acceder al título de caudillo regional. Muy temprano *Oficio de difuntos* revela la filosofía de Peláez en cuanto a sus relaciones con la mujer: "No había que amarrarse. Las mujeres eran buenas para un rato de descarga violenta y corta" (35).

Su primera relación duradera, que continuará una vez Peláez siga a Prato hasta León, consistió en la seducción de una mujer casada que ya tenía hijos. Peláez convence a la mujer a mudarse a una casa de su propiedad en las cercanías –no a su casa en la hacienda–. La relación con Natalia Vélez de ningún modo interrumpe la rutina de Peláez como hacendado, pues sus visitas solo las hace en la tarde, cuando el trabajo ha terminado. Luego del primer día de arreglos en la nueva casa, continúa *Oficio de difuntos*

> Por la noche fueron al lecho. Pocas caricias y sexo llano y pronto. Cuando ella iba a empezar a dormirse sintió que Aparicio se levantaba y se vestía en la oscuridad. "¿Para dónde va usted?" "Para la casa", respondió sin inmutarse. "¿No se va a quedar?" "No, más bien vuelvo". Tomó su mula y emprendió el camino entre sombras para La Boyera. Cuando los primeros gallos cantaron ya estaba él de pie, poniendo a trabajar los peones, ayudado por los hermanos. No lo hizo nunca y no lo iba a hacer nunca más. Nunca amanecería junto a una mujer. Era un modo de atarse y de someterse. (35)

Aunque tal vez no es posible afirmar a ciencia cierta si *Oficio de difuntos* exalta esta forma de actuación ante la mujer, lo cierto es que la trae al frente y la pone en un lugar privilegiado. Esta será, al lado de las otras virtudes de padre agrario que la novela magnifica, una cualidad que hace a Peláez distinto de otros líderes. Varios rasgos deben ser resaltados. En primer lugar, el hecho de que sus amantes no vivan con él en su propia casa, a diferencia del Patriarca, donde las prostitutas deambulaban por los pasillos de la casa presidencial y compartían una misma vivienda. En la casa del Patriarca reina el desorden: las vacas y los animales, los hijos, las mujeres y las amantes comparten un mismo espacio que se disputan con los oficiales del gobierno; nada más distinto al universo que retrata *Oficio de difuntos*, donde el orden, la rutina y la preocupación por el éxito de las empresas de Gómez/Peláez priman sobre el placer o sobre la vida familiar. No se puede olvidar que tanto el personaje ficcional como el de carne y hueso se preciaban de su origen tachirense, consagrado al trabajo diario. Dentro de esa rutina, en la que prima la oficialidad, la mujer, al igual que la vida doméstica, está reservada a un segundo plano, pues es durante la tarde cuando Peláez visita a sus amantes y a los hijos que ha engendrado, cuando las labores profesionales han cesado. La relación de Peláez con las mujeres es operacional. En su casa de habitación él vive en soledad, rodeado por su círculo de ayudantes y favoritos, y custodiado en la noche solo por Lino Zorca. Si desea visitar una mujer, lo correcto para él es ir a la casa de esa mujer. Ante los cuestionamientos de uno de sus compadres sobre la necesidad de casarse porque la gente dice que el presidente debe "tener una señora que lo represente y lo acompañe", Peláez responde que nunca se llevó a una mujer a la fuerza, sino al contrario, que ellas fueron las que decidieron seguirlo (166).

El matrimonio es imposible para Peláez porque la unión legal crearía rencillas con las diferentes mujeres con las cuales tiene hijos y porque interrumpiría su trabajo de militar y encargado del gobierno del país. No puede recluirse "en una casa, con una mujer y unos hijos, a recibir visitas y a dar fiestas" (166). Fernando González, en 1934, también reforzaba esta imagen, a la cual daba valores casi heroicos: "Lo veo tratar a las mujeres como un medio para la grandeza de su obra, usar de ellas y no dejarse usar por ellas" (72) –Rourke habla de Gómez en términos similares (43)–.

Pero de este fragmento biográfico, tal y como está expuesto en *Oficio de difuntos* y en *Mi compadre*, no es posible reconciliar el que Peláez aparezca como un ejemplo de la virtud del gobernante porque no toma licor, no fuma y, en palabras de Fernando González, "no ha tenido pasiones amorosas" (74) –cuando lo cierto es que sí las ha tenido, tal vez no en las mismas circunstancias de Castro–. En *Oficio de difuntos*, es el mismo Peláez quien expresa su rectitud como gobernante: "soy un hombre muy respetuoso de la sociedad y las mujeres" (165). Para el año 1976, la inclusión de esta dinámica de relación con la mujer disfrazada con un ropaje de añoranza y justicia, señala un lapsus que revela la presencia de una pulsión inconsciente que opaca la imposibilidad de representar esa dinámica, pero que por tal motivo, la presenta como un dato natural, típico del padre agrario y deseable en el cuerpo del déspota. El padre blanco y brujo al mismo tiempo, aquel que engendra y controla todo con su mano, está por encima de la autonomía femenina. Es un fragmento biográfico que se recupera en la ficción y que en lugar de condenarse, se reconcilia con la rectitud que debe existir en el proceder del mandatario. De la aparente imposibilidad de armonizar el hecho de que para Peláez la mujer sea solo un objeto que se posee, se visite, pero nunca se haga partícipe de la intimidad, y que esta sea aparentemente una práctica sino loable o admirable, de algún modo digna de mención sin que se problematice en lo más mínimo, puede inferirse la presencia del deseo consciente que justifique esa conducta.

Si Peláez representa el regreso fantasmal de un orden patriarcal anhelado, la imposición de esa ley agraria del padre que acapara las hembras y las mantiene a su disposición, es una de sus consecuencias. Pero este regreso fantasmal, en forma de aparición, de un régimen agrario, al igual que la primacía de lo profesional y los negocios sobre el compartir del espacio íntimo en lo cotidiano, tiene una injerencia directa sobre la habilidad de la mujer para decidir por sí misma: la sujeción de la mujer a la figura, más que paternal, en extremo utilitarista de Peláez. Esto, sin duda alguna, es reflejo del medio en el cual Gómez/Peláez consolidó su poder, centrado en las alianzas entre pequeños clanes unidos por lazos matrimoniales, y como fragmento, asciende para acomodarse en esta nueva máquina célibe. En la hacienda, la mujer estaba confinada y no podía dejarse ver, pues la consumación de una relación amorosa podía significar la pérdida de una oportunidad de unión estratégica o la ascensión social del pretendiente, si se trataba de un mestizo o un pardo (Wolf y Hansen 171).

Cuando Solana interroga a Elodia sobre si Peláez la ve con frecuencia, ésta responde que "[a] veces viene y otras me manda a buscar" (212-13). Al hecho de que Peláez sea quien por lo regular visite las casas que él mismo ha destinado a sus amantes, habría que sumar un rasgo más: Peláez se niega a pasar una noche con una mujer o, en otras palabras, no permite que el alba lo sorprenda en el lecho con una mujer. Este fragmento biográfico, trasladado a la ficción, aunado a la imposibilidad de representar a la mujer invadiendo el espacio íntimo de Peláez –su cuarto con las imágenes religiosas, la hamaca y el escritorio al que solo tiene acceso Lino Zorca– de inmediato recuerda una de las características más reconocidas del vampiro, al menos en su reproducción en films: el vampiro que no puede dejar que el sol lo sorprenda por fuera de su guarida.

Las similitudes abogan por la incorporación a la máquina dictatorial de otra máquinas cuyos códigos estipulan el tipo de relaciones que se establecen entre los nativos y el invasor, y entre el invasor y el género femenino –no hay que olvidar que Drácula se desplaza desde su lugar en la periferia del imperio para instalarse en su capital e inocular una enfermedad–. En la narrativa de vampiros en la Inglaterra victoriana, señala Katri Lehtinen, es el hombre a quien le es lícito morder y por tanto penetrar a la mujer, mientras que a la mujer no le es lícito penetrar al hombre. El contagio solo se pasa del hombre a la mujer –Drácula interrumpe a las cuatro vampiresas en el momento en que intentan morder a Jonathan (3)–. Peláez, valga mencionarlo, tiene a su disposición a las mujeres para su goce personal, pero a las mujeres en los límites de la ficción de *Oficio de difuntos*, no les es lícito alardear de su contacto con el hombre.

A lo anterior se suma el carácter social del personaje. El vampiro procede originalmente del mundo agrario, como lo confirma Paul Barber al trazar su genealogía hasta Serbia y Valaquia en 1725. Barber refiere el caso de Peter Poglojowitz, quien tiempo después de haber sido enterrado, fue desenterrado y asesinado de nuevo para estupefacción de las fuerzas alemanas que ocupaban el pueblo durante la Paz de Passarowitz (5). El medio inicial del vampiro es agrario por excelencia, al punto de que no solo se le acusa de atacar a los pobladores en general, sino también, como en el caso de Arnold Paole en la villa de Medvegia en Serbia, al ganado (16). La distinción de la cual hace gala el vampiro en la narrativa victoriana y en las imágenes que pueblan el cine y la ficción contemporánea, es fruto de un largo periplo a manos de Polidori y Byron, quienes lo transformaron en aristócrata, como parte de la clase media de una sociedad industrial (Malchow 129). Este carácter agrario, sin duda esencial en la figura de Gómez/Peláez, se acomoda también a los códigos del vampiro: el proceder de las montañas en la frontera, avanzar hacia lo que se considera el centro, el hogar, y desde ahí iniciar un contagio.

Un contagio mencionado en 1928, el "bagrismo", o la adherencia y participación en las redes políticas de Gómez, una enfermedad descrita

> como la sífilis, que es un mal traidor adquirido tras emociones placenteras y orgiásticas [...] Muchas víctimas cuenta hoy en sus filas el 'Continuismo'; alrededor de la charca infecciosa tiemblan atacados de frío cobarde, los espectros amarillos, y acurrucados a la sombra de la bandera desacreditada del Gomecismo, esperan la oportunidad de nuevos edictos cobardes. (*La oposición: La prensa* 55-6)

Algo de este miedo y admiración al padre blanco y brujo que procede de más allá de la frontera e invade las regiones conocidas y veneradas como hogar, subsiste en la adición de esta nueva máquina que hace de Peláez un vampiro. A Peláez y la representación de su relación de control y vigilancia sobre la autonomía femenina en realidad se ha acoplado otra máquina, completa con todas sus partes. En este caso, Peláez repite los lugares comunes asociados a su figura, pues avanza desde la frontera sublime que linda con lo desconocido; es distinto fenotípica y culturalmente desde las coordenadas coloniales y positivistas de la distribución racial en la geografía del Nuevo Mundo; posee poderes sobrenaturales que lo asemejan al brujo; inocula una enfermedad de orden orgiástico; acapara las mujeres y se sirve de ellas para sus propósitos y no permite que la mujer comparta su intimidad (no puede ser sorprendido por el alba compartiendo el mismo lecho).

Si *Oficio de difuntos* está contaminado por ese continuismo gomecista, lo está en un sentido diferente y en relación absoluta con la sociedad venezolana de 1976 y posterior a 1976: es el deseo de imponer (de nuevo) un orden simbólico que tenga por centro al padre agrario desde el mundo de la escritura, y que ponga en jaque la naciente preminencia de un culto generalizado y extendido donde la mujer se ubica en el centro. Y este es precisamente el caso del culto a María Lionza, cuyo eje fundamental es la mujer indígena, no el padre blanco, caracterizado por el desorden ligado a la oralidad, no al orden que procede del mundo de la escritura, y en el cual los próceres de la independencia, hipóstasis de los valores masculinos, están sujetos a una deidad femenina e indígena. *Oficio de difuntos* disputa esta nueva aglomeración popular como expresión religiosa mediante la representación de Gómez/Peláez como el gran brujo mestizo venido de la montaña, capaz de disponer de la mujer en función de sus proyectos políticos y económicos e instaurar un régimen agrario que simplifique las relaciones sociales que en última instancia detenga el avance de la anarquía popular que se presiente.

El mundo ordenado de *Oficio de difuntos*, donde el poder de Peláez es infalible y se representa como el padre que se lamenta de no ser capaz de ser la perfecta deidad y "darle todo a todos" (250), parece ser la inversión del culto a María Lionza. En *Oficio de difuntos* se percibe, desde las aventuras amorosas de Carmelo Prato y la reclusión doméstica de Misiá Rita, su temperamental esposa, un temor inconsciente a la anarquía que podría surgir de un culto popular centrado en lo femenino. Este temor mantendría similitudes a lo descrito por Elaine Showalter en *Sexual Anarchy* al referirse a la misoginia típica de la narrativa gótica atemorizada por la presencia de vampiros (Malchow 165), o en relación al retroceso de la dinámica de liberalización sexual de 1960 y 1970 por el aumento de casos que infringen la moral (4). ¿Cómo puede explicarse el aislamiento de la mujer en la obra de Uslar Pietri a roles tradicionalmente aceptados como normales por la sociedad patriarcal, como las ocupaciones relativas a la casa y los hijos en la Venezuela de los setenta? Y cuando esos mandatos se violan y la mujer se convierte en amante, ¿qué implica el control extremo por parte del padre que provee habitación y llama cuando quiere? ¿No están ambas representaciones ligadas al miedo al desorden y a la confusión de clases, razas y roles?

La creencia popular en María Lionza y su culto se sitúa en las antípodas de la construcción mítica de Peláez como personaje de culto que el lector encuentra en *Oficio de difuntos*. La distancia que traza la representación del caudillo de los Andes es inversa y proporcional al propósito de blanqueamiento y masculinización afianzados durante el gobierno de Gómez por más de treinta años, en la década siguiente hasta 1945 y en el experimento de integración oficial de la raza, la historia y la cultura iniciado en 1952 por Marcos Pérez Jiménez (Coronil 167-70). Como lo señala Wade, desde 1920 hasta 1960 en Latinoamérica, a partir de las crecientes reflexiones sobre la necesidad de incluir a los indígenas, o en ocasiones de "solucionar el problema indígena", y más tarde a la población africana en el proyecto de nación, se crearon políticas estatales destinadas a su inclusión (*Race* 41-2). Pero esas políticas, todavía endilgadas con el pesado fardo de su negatividad –apatía al trabajo, pobreza, superstición, desorden– estaban signadas por la tendencia a magnificar la adaptación a una única identidad fundada en lo mestizo y lo blanco (Wade, *Race* 60). Es cierto que, como lo señala Daisy Barreto, fue Pérez Jiménez al crear la Semana de la Patria en 1953 como un conjunto de celebraciones laicas a la memoria de los próceres de la independencia que le sirvieran como "uno de los pilares en los cuales se apoyaría el estado en el ejercicio de su poder" (22), quien de algún modo, al crear textos y murales que celebraban la herencia indígena, impulsó la vinculación de María Lionza con ese culto –fue en este momento cuando se construyó su famosa estatua que la retrataba montada sobre una danta (24)–. Pero al mismo tiempo Pérez Jiménez, mediante la imposición de un texto escolar sobre los caciques aborígenes de Venezuela, se encargó de mostrar que los mismos indígenas cuya memoria quería celebrar, pertenecían a un pasado inaccesible (24). Si hay un tema que se repite en los estudios sobre María Lionza en Venezuela, es su extremo carácter popular.

La llegada del culto a María Lionza se sitúa en un esquema más amplio de debates en torno a la raza y al sistema de clases en Venezuela –lo que no significó, como lo demuestra Elisabeth Friedman en *Unfinished Transitions*, la incorporación de la mujer en la dinámica político-partidista venezolana (101-2)–. Un grupo de intelectuales venidos de la provincia, entre los que destacaban Rómulo Betancourt, del estado Miranda, Luis Beltrán Prieto Figueroa, de Margarita, Andrés Eloy Blanco, de Cumaná y Manuel Rodríguez Cárdenas, de Yaracuy, compartían la pertenencia a una misma clase media, habían emigrado a Caracas y estudiado en la universidad y se identificaban a sí mismos como mulatos y mestizos. Al inicio de la década de los cuarenta, este grupo creó un partido político basado en la idea de incluir ciudadanos de todas las razas y clases. Fue precisamente Andrés Eloy Blanco quien acuñó la frase *café con leche* como síntesis de la integración racial en Venezuela (Wright 1, 99). Acción Democrática fue capaz de atraer, incluso luego de su rompimiento con el marxismo ortodoxo, tanto a trabajadores como a campesinos (Wright 99).

Después de su ingreso a la arena política en 1940, Acción Democrática se opuso a la política de inmigración solo para los blancos europeos, regulada 1936 y 1937 mediante una comisión que mediaba entre los intereses mineros y agrícolas venezolanos y las naciones del Viejo Continente (Wright 102). Desde la muerte de Gómez y hasta 1945, hubo continuas visiones encontradas entre la élite liberal, de la cual fue vocero el mismo Uslar Pietri, y Acción Democrática. Los grupos más conservadores siguieron abogando por fortalecer la inmigración europea

La máquina dictatorial

y blanca, o cuando el debate racial se intensificaba, argumentaban que la diferencia de razas no existía, pues en Venezuela todos los ciudadanos eran iguales como resultado de la unión entre africanos, blancos e indígenas (Wright 104). La llegada de Acción Democrática al poder sin duda se presentó como un elemento de cambio en la idea de nación, en cuanto los aún existentes prejuicios positivistas se hicieron visibles, pero por corto tiempo. El golpe de 1948, que llevó a la Junta de Gobierno al poder y la llegada de Pérez Jiménez en 1952, trajeron de nuevo el maridaje entre las élites y el gobierno.

El culto de María Lionza, aunque en un inicio, según relata Barreto, estaba circunscrito al Estado Yaracuy en el vértice de los Andes y la costa, fue expandido en el centro entre 1945 y 1951 para convertirse en una práctica extendida y urbana, cuando, gracias a la migración, habitantes de los estados Yaracuy y Carabobo llegaron a conformar el quince por ciento de la población total de Caracas (10). Especialmente durante el gobierno de Rómulo Gallegos quiso subrayarse el componente negro e indígena en la idea de nación y por ello se echó mano de la figura de María Lionza, centrada por entero en el poder indígena como un elemento cohesionador de la política de integración racial –aunque existen relatos que la llaman mestiza (Barreto 11; Martín 169)–. Como anota Daisy Barreto, "[f]ue en el mito de María Lionza en donde se proyectó esa necesidad de identidad, de reconocimiento de los valores nacionales y [...] como símbolo de lo autóctono y de la integración de las razas" (23). Durante el gobierno de Pérez Jiménez, ya fuera como instrumento de propaganda o como homenaje a un pasado que se proyectaba como extinto, la veneración popular se asoció con el culto a los próceres, sin embargo, desde coordenadas masculinas, como señala Coronil, que la convertían en emblema de una "patriarcal conception of politics and a fetishistic view of progress" (177).

En la recepción popular de este culto, en cambio, María Lionza, representante del poder indígena, se ubicaba en la parte superior de la pirámide y desde ella se descendía hasta círculos inferiores donde habitan personajes históricos en los que se encontraban los próceres de la independencia. A su vez, cada uno de estos próceres fue catalogado según un criterio basado en la pureza de alma solo definida por los practicantes y sacerdotes del culto.

Tal vez la constatación más clara de la lucha entre la sujeción de lo femenino a lo masculino en este culto popular, en franca lid con la propuesta de *Oficio de difuntos*, donde opera una sujeción inversa, se explique por la posición de Simón Bolívar y Juan Vicente Gómez en su esquema jerárquico y por sus peculiaridades con respecto a la elección de sacerdotes y médiums. Barreto describe que para 1950 el culto incluía a María Lionza, los espíritus indígenas y el culto a los antepasados, pero que, quizás por la penetración de figuras civiles en 1950, terminó adoptando a los próceres de la independencia y otras figuras políticas en su altar particular (10). Salas de Lecuna, citando a Clarac de Briceño, afirma que esta penetración es aún más tardía, en los setenta (111). Lo que interesa es que fue el culto femenino e indígena el cual adoptó figuras de orden masculino, y no al contrario, y que en el esquema de pureza por el cual los médiums están calificados para recibir a los espíritus, María Lionza requiere su grado más alto, lo que implica a su vez que se ubica en el puesto superior del panteón.

En la revisión de la crítica literaria, social y antropológica actual, a pesar de la nunca perdida actualidad de Juan Vicente Gómez, su persona, como objeto del culto de María Lionza, ha pasado desapercibida. Cuando Torres afirma que "los héroes venezolanos no descansan en el Panteón Nacional; por el contrario, andan sueltos [...] No moriremos –parecen decir–" (11), ¿no está hablando de Gómez como un héroe cuya herencia problemática se resuelve ahora en la imagen del caudillo necesario que trabaja de forma inalcanzable para la salvación de su "novia", Venezuela (*Oficio* 310)?

Tanto en el caso de Bolívar como en el de Gómez priman dos dinámicas de representación de lo sobrenatural mencionadas antes por Martín: los espíritus que el culto de María Lionza invoca, reflejan los estereotipos de orden social y las características históricas y biográficas de las personas que esos espíritus representan. Así pues, los espíritus indios pelean, gritan y se embriagan mientras que los africanos gritan obscenidades. Bolívar, al encarnarse en un médium, tose, pues se presenta cruzando el Chimborazo, o da órdenes y pide que se le cante el himno nacional, ya que se trata del general de la independencia (Salas de Lecuna 99-101). En palabras de Martín, cada espíritu cuenta con un libreto que debe seguir (183). A esto se le une lo que el crítico llamó una "ideología de lo cotidiano" (168), es decir, el que un héroe nacional se convierta en un espíritu que se presenta por un médium y actúa por él o ella se explica por la relación entre el poder político y el poder sobrenatural: "aquí se trata de establecer una relación, por lo menos en lo 'imaginario', entre el poder político y los poderes sobrenaturales. La redención mística y la redención política aparecen como si fueran una misma cosa" (169). En el libreto que Juan Vicente Gómez sigue cuando se presenta al ser invocado, citando uno de los foros en internet donde los seguidores comparten sus testimonios, se dice que le gusta ingerir licor, fumar pipa o tabaco, y "exige mucho respeto y da muchos consejos para el vivir con responsabilidad y ser buenos ciudadanos" ("Juan Vicente Gómez"). También manda a callar a los asistentes y antes de ingerir el licor o recibir las ofrendas, le pide a una persona que las pruebe de forma que no sea envenenado. Es decir, regresa como padre benévolo y modelo de responsabilidad adornado con los fragmentos caricaturescos de la paranoia recogida en sus biografías.

La elección de Juan Vicente Gómez por parte de Uslar Pietri tiene por objeto llevar al centro una imagen que no tiene las mismas asociaciones que Bolívar, pues en el caso de este último, como lo advierte Luis Castro Leiva, la nación se piensa en términos de aquello que todavía es necesario construir en perspectiva de su sueño original de patria en el momento de la independencia (Torres 13, 33-6). Con la figura de Gómez, al contrario, se reconoce la deuda, pero se enmarca en el exceso que deviene de los fragmentos que lo diferencian como máquina dictatorial y como fetiche. Como brujo indígena de poderes sobrenaturales y padre blanco esperado, su rol de patriarca severo pero dadivoso y de constructor de la nación moderna, sirven con facilidad a la instalación de una figura masculina en el panteón de la religión popular como imposición desde el mundo ordenado de la escritura.

Y del mundo de la escritura se espera que mantenga aún una relación práctica y efectiva con el universo de la religión popular: el culto a María Lionza y su esquema desordenado de médiums, ayudantes, bancos, materias y la ausencia de un libro que le dé orden y cohesión, se perciben como un mundo que debe ser gobernado, y sus fronteras cercadas, por la razón que procede del universo paternal y organizado de la escritura. Como lo retrataba Martín en 1983, solo seis años después de la publicación de *Oficio de difuntos*, el asunto que más llamaba la atención del público en torno al culto a María Lionza, era que los oficiantes e intermediarios exhibían una clara situación de marginalidad y, a través de una posición privilegiada en las celebraciones, pasaban a convertirse en intermediarios que se comunicaban con los espíritus (208-26). La situación de subordinación de la masculinidad y los valores asociados a ella, como la guerra o la bizarría viril de los próceres de independencia, anunciaba el surgimiento de un poder que superaba las fronteras de la magia para penetrar en el mundo de la política. Estos cambios en última instancia sugerían la llegada de un periodo de intensa inseguridad política que se materializaría en 1989 (Coronil 372-78).

En medio de este clima de inseguridad política y social, como señala Showalter, ocurre una revisión inmediata de los conceptos de género –también de raza y clase (4)–. *Oficio de difuntos* y su representación de Juan Vicente Gómez como Aparicio Peláez y como el vampiro que visita sus víctimas (todas ellas mujeres) en la noche cuidando de no ser sorprendido por el alba, es un intento de detener el avance de la anarquía sexual, racial y de clases. En sus apariciones en el culto de María Lionza regresa precisamente como padre a aconsejar sobre la forma correcta de vivir. *Oficio de difuntos* apela al retorno de ese padre que no solo es metáfora de la ley, sino también guerrero, campesino, constructor.

Uslar Pietri exhibe entonces ante al lector el fetiche, la mano de Aparicio Peláez, su mano poderosa, su capacidad de controlarlo todo a través del tacto, de centralizar todos los flujos en su cuerpo, de cortar los flujos que son producidos por la autonomía femenina y popular para reconvertirlos en flujos propios y encumbrar de nuevo la masculinidad y las figuras asociadas a ella en los puestos superiores de la pirámide jerárquica del panteón de la religión popular.

Acople: El espectro

¿De qué forma retornó la máquina dictatorial luego de que su mecanismo se averiara? Así como se ensambló objetivando los rasgos sobrenaturales del indígena, la entereza moral y el éxito comercial del padre blanco haciendo de la mano su fetiche, y añadió el periplo del vampiro que invade desde la frontera sublime para doblegar la autonomía femenina, la máquina dictatorial agrega una más, también con códigos prediseñados: el espectro. Un retorno figurado en *Oficio de difuntos*: "Mientras más solo, caduco y agobiado parecía Peláez, más crecía la sombra de su poder sobre la gente y la tierra" (*Oficio* 322). "De la vieja casa en la que había nacido ya no quedaba nada. Hacía mucho tiempo que se había caído y reintegrado al monte. Lo mismo que un enterrado" (336).

La dinámica de ese regreso, fundado en apariencia a través de una deuda, pero en realidad gracias al exceso de sentido que invoca la máquina despótica, es característica de *El pasajero de Truman*, un simulacro de la máquina dictatorial, cuyas digresiones y lapsus solo pueden ser comprendidas a la luz de Gómez/Peláez. ¿Cuál es el objetivo de ese retorno? ¿A qué apunta el deseo que moviliza esta máquina que se presenta como un espectro?

Ladrones en casa de Diógenes Escalante

Un auge significativo ha tenido en Venezuela la representación artística y la reconstrucción de la figura histórica de Diógenes Escalante en los últimos treinta años –a través de géneros que incluyen la novela, el cuento y el teatro–. En 1993 Óscar Yañes publicó el cuento "Huésped del Hotel Ávila pierde la razón y cambia la historia", como parte de una colección de relatos titulada *Amores de última página*, en los que mezcla la ficción con el relato periodístico y regresa a los principales hechos que cambiaron la historia de Venezuela en 1945. En 2007, Maye Primera Garcés editó un volumen biográfico sobre la vida de Escalante como parte del proyecto Biblioteca Biográfica Venezolana auspiciado por el periódico *El Nacional* y un año más tarde Francisco Suniaga (1954) publicó *El pasajero de Truman*. En 2011 se estrenó la obra *Diógenes y las camisas voladoras* por Javier Vidal (1953), centrada, según una entrevista concedida a E. A Moreno Uribe, en un episodio narrado por Óscar Yañes en el cual Escalante, en su delirio en el Hotel Ávila, observa aterrado la forma en que sus camisas salen volando por la ventana de su cuarto ("Javier Vidal"). ¿En qué reside el atractivo del Diógenes Escalante?

Varios elementos se agrupan alrededor de esta figura, la mayoría de ellos, de naturaleza contradictoria. Nacido en Queniquea, un pequeño pueblo del Estado Táchira en 1877, de una familia no asociada a una aristocracia fundada en el café, Escalante representaba a inicios de la década de los cuarenta en Venezuela los valores absolutos del hombre civilista apegado a las leyes y a la convivencia pacífica. En 1945 aparecía como el único elemento de conciliación entre las fuerzas políticas que se enfrentaban en las elecciones, entre ellas, Acción Democrática, el Partido Democrático Venezolano o PDV dirigido por Isaías Medina Angarita, el lopecismo –apoyado por la Agrupación Pro-Candidatura de López Contreras– y la Unión Patriótica Militar o UPM, conformada por un grupo de militares jóvenes que luchaban por mayor reconocimiento social, mejores salarios y acceso a rangos más altos, hasta ese momento reservados a los oficiales como herencia del gomecismo. La civilidad y neutralidad de Escalante luego de la confiscación de las propiedades de Gómez iniciada en 1936, el regreso de los exiliados, la poca credibilidad en los remanentes del gomecismo y la desconfianza ante todo intento de perpetuación en el poder que se asemejara a las estrategias políticas del Benemérito, se ubicaban en el polo opuesto de los valores que Gómez representaba. El caudillo andino encarnaba la efigie del tirano por excelencia; si se buscaba su reflejo contrario en el espejo del poder, Escalante lo representaría, mostrándose como una suerte de no-Gómez.

Su progresismo se relaciona con el papel que había cumplido durante el gobierno de López Contreras, en el cual ocupó el cargo de Ministro de Relaciones Interiores y luego el de Secretario de la Presidencia. Su fama se acrecentó por su deseo de instalar un gobierno civil, remover a los antiguos funcionarios gomecistas y promover la elección presidencial por medio del voto universal. Ante el paro y los desórdenes de febrero de 1936, siempre recomendó "cordura" antes que fuerza y la "creación de un ambiente de concordia necesario para el funcionamiento de las prácticas del civismo", lo que en última instancia le mereció la condenación de los simpatizantes de Gómez, quienes le atribuyeron parte en la autoría intelectual de la anarquía que se desbocó por semanas (Garcés 47). También se opuso al Capítulo VII, un sistema de dádivas que permitía el financiamiento de la política, y participó en la reforma a la Ley del Trabajo que estableció la jornada de trabajo en ocho horas, la exención de impuestos fiscales, el seguro social, el descanso obligatorio, los derechos sindicales y la creación del Tribunal de Trabajo. Estas reformas liberales sellaron el descontento entre los funcionarios y generales remanentes del gomecismo, así que Escalante no tuvo más remedio que renunciar al Ministerio del Interior para ser nombrado embajador en Washington, antes de un frustrado intento por llegar a la presidencia en 1941 (Garcés 43-52).

Pero al mismo tiempo Escalante había servido a Gómez en varios cargos desde el inicio de la Revolución Restauradora. A pesar de haberse alistado en el ejército del General Espíritu Santos Morales en 1898 –el bando contrario a Castro y Gómez– su tío, Calixto Escalante, quien los acompañó desde su partida en el pueblo andino de Capacho hasta su entrada en Caracas en 1899, le mereció el reconocimiento de Castro. Escalante pasó a ocupar diversos cargos en el gobierno, primero como jefe aduanero en el puerto de La Guaira, luego como secretario de la Gobernación en Caracas y finalmente como cónsul en Liverpool, Berlín y Holanda (224; McBeth, *Dictatorship* 386). Cuando las noticias del golpe de Gómez en 1908 aún no habían llegado a Inglaterra, Castro le había ordenado a Escalante entregarle la totalidad de los dineros consulares, lo que mereció un llamamiento a juicio por apropiación indebida de fondos, su regreso a Venezuela y su destitución como funcionario del servicio exterior (Garcés 22). Pero para 1910, hacía de nuevo parte de la burocracia gomecista como secretario del estado Táchira, después como director de *El eco de Venezuela*, órgano oficial del gobierno, y a partir de 1914, como cónsul en Ginebra. En 1921 fue nombrado Ministro Plenipotenciario de Venezuela en Londres, cargo que mantendrá hasta 1935, remplazando al escritor Pedro César Dominici (McBeth, *Dictatorship* 386).

Su trabajo, además de las tareas propias de la diplomacia, se acercaba al de espía del régimen, dando cuenta de las campañas expedicionarias destinadas a la compra de armas en Europa (Alcalde 73, 77). Escalante mantuvo a Castro informado de los pasos de José Manuel Hernández en su visita a Inglaterra en 1907 (Garcés 14). Lo mismo sucedió en el gobierno de Gómez. En 1923, por ejemplo, le escribía en un cable que "[a]gentes revolucionarios solicitan elementos de guerra aquí. Ningún motivo de alarma por ahora pero urge mucho que el Gobierno envíe fondos por cable para establecer vigilancia" (Garcés 38).

La versión tradicional, sin embargo, solo apunta a las esperanzas cifradas en su progresismo democrático. Por ello se habla de "la tragedia de Escalante" (Díez 8), cuando a inicios de septiembre de 1945 en el Hotel Ávila, en una crisis nerviosa, creyó que alguien había robado sus chequeras y sus camisas. Ante la tardanza del candidato, un edecán del Palacio de Miraflores llama a la habitación y le refirieron que el candidato no se atrevía a salir de su cuarto porque sus pertenencias habían sido robadas, aunque estaban a la vista. Una comisión enviada por Medina Angarita evaluó a Escalante y lo declaró inhabilitado para continuar con su campaña presidencial (Gómez, Carlos 225; Garcés 77-81). Hablar de la "tragedia" de los sucesos de esa mañana de 1945, posibilita que el drama de su enfermedad se interprete de dos maneras. Por un lado, como la ausencia absoluta de razón, por tanto, como una sin-razón que necesita de la mediación de un especialista para descifrar su lenguaje –o para condenar su lenguaje al olvido (Foucault, *Madness* X)–. Por otro lado, la tragedia de Escalante puede ser valorada desde una tradición literaria que interpreta *El pasajero de Truman* como el descenso de su protagonista desde la altura de su esperanza salvadora hasta su salida anónima del mundo político venezolano, al igual que desde las particularidades de la narrativa

La máquina dictatorial

hispanoamericana, donde la representación del héroe civil es amenazada por el mundo arcaico y rural (González Echevarría, *Myth* 47).

En diálogo con la sin-razón

El título mismo de la obra de Suniaga, en su representación de la figura ficcional de Escalante, refiere un conflicto ambivalente entre razón e insania. Por momentos, la obra parece ennoblecer al pasajero, es decir, a Escalante, por medio de su incorporación en la tradición del insano en el renacimiento y la Edad Media, pero al mismo tiempo reproduce los prejuicios de la sociedad moderna, para la cual la enfermedad mental equivale a un estado vergonzoso que debe ser encubierto mediante el confinamiento (Foucault, *Madness* 221). El título alude al medio de transporte en el cual Escalante se marchó de Venezuela, redefiniendo la conexión del insano con lo liminar por medio de la substitución del barco de la Edad Media con el símbolo inequívoco de la edad contemporánea, el avión. Sin embargo, el Escalante ficcional de Suniaga, confinado en el espacio estrecho del aparato a contar la intimidad de su historia personal a su secretario, no está expuesto a la incertidumbre que antes acechaba a los enfermos mentales; no hay un río de "mil brazos" ni encrucijadas infinitas, como describe Foucault al referirse a este episodio de la historia de la locura. Escalante es también un prisionero como ellos, pero su viaje lo conduce a un solo destino (*Madness* 11). En el retrato ficcional de Suniaga, su viaje no tiene estaciones intermedias: es un "interminable camino hacia el olvido" (*El pasajero* 19), al menos de la esfera política.

Esta ambivalencia entre cordura e insania también está presente en la estructura narrativa de *El pasajero de Truman*, en especial en el mecanismo propuesto por el autor para diseminar la información, corroborar y objetivar lo que se cuenta y por tanto ofrecer una explicación racional sobre los sucesos del Hotel Ávila. Aunque se le otorga la palabra a Escalante para contar su historia, existe una fuerte preconcepción que supedita la sin-razón a una explicación apodíctica y racional que confía en la concatenación mecanicista de causas y efectos que desembocan en su colapso. Lo anterior reproduce prejuicios modernos sobre el peligro que lo irracional presenta al monopolio discursivo que ejerce la razón. Tal vez, como lo corrobora Maye Primera Garcés, "[e]l país podía esperar cualquier cosa –golpes, conspiraciones, alianzas parlamentarias de última hora– pero nunca la enfermedad" (79).

El autor implícito, para contar su historia, recurre a una triada de voces que tienen como meta legitimar su narración apelando a la objetividad de lo que se cuenta desde varios puntos de vista. Recurre también a un suspenso construido con base en el "silencio" que ha jurado uno de los testigos del hecho, el secretario personal de Escalante, quien ha ocultado detalles de lo sucedido desde esa mañana de septiembre de 1945 hasta el presente en el cual se sitúa la obra, a finales de la década de 1990. La referencia a ese largo silencio y a la revelación que le seguirá sin duda contribuye a realzar el contenido del mensaje. Y ese mensaje, que en última instancia está destinado a otorgar una explicación racional a los sucesos del Hotel Ávila a través de una cadena de causas que se entrelazan para desembocar en la tragedia de Escalante, se narra de dos maneras distintas. En primer lugar, a través de un diálogo entre dos personajes ficcionales, Humberto Ordóñez, el secretario personal de Escalante y Román Velandia, un periodista invitado por el mismo Escalante a ser parte de su equipo de trabajo durante las elecciones de 1945.

La identidad real de estos dos personajes es revelada al lector por el autor implícito en la última página de la novela al mencionar a Hugo Orozco y Ramón José Velásquez. En cuanto estos dos personajes cumplieron los mismos roles durante la campaña de Escalante (301), el recurso no hace más que confirmar la cercanía de *El pasajero de Truman* con el mundo de la no-ficción y aumentar el prurito objetivista, característico de la narrativa histórica y su fidelidad a la reconstrucción verídica de lo sucedido. El segundo espacio está construido alrededor de la voz del propio Escalante, quien como figura ficcional cuenta su historia personal a Ordóñez a bordo del avión enviado por Harry Truman para llevarlo de regreso a los Estados Unidos. La narración de cada una de estas instancias está separada por capítulos sin un orden aparente. Los datos que Escalante suministra sobre su propia vida, por ejemplo, la aparición de López Contreras en Washington, son confirmados o desmentidos por Ordóñez, señalando a su vez una frontera muy clara entre quién es víctima de la locura y quien posee el control, la lucidez y la cordura suficientes para identificarla. Ordóñez, como un mecanismo de dosificación de la información, posee el monopolio de la razón que intenta borrar los rastros de enajenación del relato de Escalante como un medio de narración apolíneo sobre su vida y los hechos del Hotel Ávila. A estas dos instancias se suma un narrador situado por fuera de la historia, quien no cumple un papel más allá de situar el momento presente de la historia y narrar las circunstancias del encuentro.

El pasajero de Truman comienza con el relato de los argumentos de Velandia para convencer a Ordóñez de contar las particularidades de lo sucedido en el Hotel Ávila. Ordóñez le dice que esos hechos son inenarrables. Esta reiteración, descrita como "una negativa serena que parecía emanar de la certidumbre íntima de que el silencio era la conducta apropiada" (10) será por fin abandonada y Ordóñez pasará a contar su versión secreta de los hechos. La salida de Escalante del foro político será "un episodio trágico" o un "terrible accidente", y para prevenir que la vergüenza se cierna sobre la persona y su familia, el relato de lo sucedido se pospone hasta el presente de la obra. Ordóñez dice que este "voto de silencio" es una consecuencia de su deseo de salvar a Escalante y a su familia de la vergüenza (39). A continuación cita una de las imágenes tradicionales asociadas a la insania en Latinoamérica, el confinamiento en el último rincón de la casa: "en aquellos años [...] [la insania] era algo demasiado vergonzoso, objeto de burla y había que ocultarla. ¿Usted no recuerda que había casas donde encerraban a los locos en unos cuartos horribles para que nadie los viera?" (247-48). Es la vergüenza que inspira la sin-razón lo que en última instancia ha impedido la narración de lo sucedido.

Una primera aproximación a un diálogo con la sin-razón del Escalante ficticio en *El pasajero de Truman* podría fundarse en la caracterización de su tragedia como un acontecimiento de orden simbólico. Y el mejor punto de partida es a través de la mención de aquello que su locura, como imagen literaria en el horizonte del héroe trágico, no representa. Escalante no está construido con rasgos similares al Áyax de Sófocles, quien confundido por los dioses en un episodio de furia contra quienes cree que han olvidado su preminencia, ataca a un rebaño de ovejas y luego, al darse cuenta de lo ocurrido en medio de un episodio de lucidez, dirige su espada contra sí mismo. No se construye tampoco a partir de la figura del Hércules de Eurípides, quien luego de ascender del Hades, confundido por los dioses, asesina a su esposa y sus hijos. La principal diferencia entre el horizonte del que parte Suniaga para construir su personaje reside en la civilidad de Escalante junto con su incapacidad para intervenir en la dirección de su destino. Su llegada a las puertas de la elección presidencial no fue el fruto de su valor en el campo de batalla, como sí fue el caso de Cipriano Castro, Juan Vicente Gómez y López Contreras –este último contuvo un golpe de Estado a manos de Eustaquio Gómez y Eloy Tarazona, y legitimó, en virtud de su oficio como Ministro de Guerra, su permanencia en el poder, al sofocar los ánimos de los cuarteles declarados en desobediencia (Burggraaff 29-36)–.

El caso de Escalante es disímil. Su deseo de ascender al poder en Venezuela no dependía de sus méritos como guerrero, en cuanto nunca lo había sido, ni de sus propias decisiones, porque la elección no residía en su voluntad. Cuando el Escalante de *El Pasajero de Truman* habla de la "conspiración" de la cual se cree objeto en 1931 al perder por primera vez la oportunidad de ser presidente durante los últimos años del gomecismo –como él mismo dice, en "una presidencia intervenida y sin autonomía"–, revela que nunca supo en realidad por qué Gómez desistió de su candidatura (156). Su actitud en las elecciones de 1941 es similar al culpar de lo sucedido a una nueva conspiración de los generales "troperos" –remanentes del gomecismo–. Sin duda el episodio de la tragedia de Escalante en septiembre de 1945 implica, como en el caso de Áyax y Hércules, la caída de una gloria promisoria que se fundaba en la esperanza del cambio democrático hasta la salida anónima del poder. Pero su derrumbe no es asimilable al del guerrero, y el producto de ese derrumbe, que en el caso de Áyax y Hércules es la muerte, se presenta de forma bien distinta.

Cuando Heiner Zimmermann en su trabajo sobre *Macbeth* busca clarificar el sentido final de su locura en el horizonte del héroe trágico antiguo y clásico, utiliza como punto de partida la dialéctica razón–fuerza, y afirma que en el drama de Macbeth se oculta una crítica radical a la figura heroica masculina que parte de "the conviction that fortitude and valor in combat are the best way to assure justice and peace" (357). En el renacimiento, el Hércules *in bivio* o *kaloskagathos*, es decir, su figuración no tanto como héroe guerrero sino como una figura capaz de discernir entre el bien y el mal o como un héroe civilista, era la manera preferida de representarlo (360). Cuando las damas se aparecen ante Macbeth mientras éste regresa a caballo de su exitosa campaña en Noruega e Irlanda y le pronostican que será rey, se opera un mecanismo similar al que sirvió para confundir a Áyax y Hércules. La virtud suprema, pero no la que caracteriza al guerrero y se funda en la fuerza bruta, sino la del héroe civil, la que le permite reconocer el camino estrecho de la virtud frente a la vía amplia de la vileza, se ve perturbada por el vaticinio. Y así como el Hércules de Homero asesina a su huésped Ífito, Macbeth a su vez elimina a Duncan, quien lo visitaba esa noche. Lo que Zimmermann percibe en este caso es una clara progresión que asimila la civilidad de Macbeth –quien en última instancia busca ocupar el puesto de rey– con la tragedia del guerrero antiguo y clásico: la capacidad de distinguir entre el bien y el mal, característica del héroe civil del renacimiento, es aminorada a través de la intervención de un poder mágico que nubla los sentidos. El resultado, que se traduce en la forma de un crimen, y los momentos posteriores en que la razón retorna y el héroe reconoce que ha perdido la razón, son también característicos.

Este ciclo se percibe en la figura de Escalante en *El pasajero de Truman*, aunque en términos bastante ambiguos. En 1944, y ante su precario estado de salud, Escalante ha decidido finalmente renunciar a su sueño de convertirse en presidente de Venezuela. No quiere regresar a enterrar el poco bienestar que le queda en el suelo patrio. Por ello Escalante, aduciendo razones personales relativas a su salud, rechaza la postulación que Medina Angarita le había ofrecido en vistas a las elecciones presidenciales de 1945 –valga recordar, elecciones no universales sino efectuadas por los miembros del congreso–. El mundo organizado de la vida diplomática y sus horarios precisos, cumplidos al detalle por Escalante según narra Ordóñez, continúa al ritmo usual –Escalante sentía gran placer contemplando el tren, la imagen del orden moderno por excelencia, y así revela Ordóñez que éste se pasaba horas en una juguetería de Nueva York mirando trenes eléctricos (83)–.

Pero así como las damas tientan a Macbeth y le prometen que será rey, Ordóñez relata que "[e]se mundo organizado y predecible que le he descrito comenzó a desplomarse con la visita de Julio Medina [hermano de Isaías Medina Angarita] a principios de febrero. Para cuando llegó la primavera, el doctor Escalante era otra persona, cada vez más nervioso, taciturno e irritable" (91). Y junto con Julio Medina aparecen otras figuras de la política venezolana como Rómulo Betancourt y Raúl Leoni quienes le proponen de nuevo el sueño de ser presidente de la república, bajo la excusa de la emergencia nacional. La romería de visitantes provenientes de Venezuela le rogaba que aceptara porque era "la salvación de Venezuela […], la única y última carta de la democracia" (112). Para Ordóñez, la aceptación de la candidatura revivió los fantasmas dormidos de las conspiraciones pasadas que lo llevaron, por el sendero de la preocupación y el insomnio, hasta la crisis nerviosa y el colapso final. Ordóñez asegura que

> [s]e preocupaba en exceso por lo que le decían, trataba de confirmar datos, cotejaba las informaciones recibidas en Washington con otras fuentes, venezolanas y extranjeras, o hacía sus propias deducciones, atando cabos de aquí y de allá. Buscaba conspiraciones y conspiradores por doquier, no confiaba en nadie, se obsesionaba con la idea de complots urdidos para impedirle de nuevo acceder a la Presidencia. (112)

Escalante, en el esquema del héroe civil que, confundido por seres que le prometen que será el presidente esperado que culmine el proyecto de revolución democrática en Venezuela, es incapaz de distinguir entre el bien y el mal. Sobre esta "tentación", a la que él le otorga un origen infernal, dice mientras viaja de regreso a Washington que una vez había recibido el recado de Medina, "sin que me percatara, comenzaron a soltarse en mi mente los demonios de esa ambición tan largamente contenida" (77). Esta intervención demoníaca que confunde los sentidos del héroe civil, en la construcción ficcional de *El pasajero de Truman*, tiene como resultado la comisión de un crimen: la muerte de la patria. La tragedia de

Escalante es tanto su propio descenso como el resultado de ese descenso, debido a que su salida deja un vacío que será ocupado por la dictadura. Ordóñez recuerda que en 1957 en Londres, Lares Martínez, uno de los testigos de los hechos, le comenta:

> Me quedé corto al considerar las desgracias que se nos iban a venir encima: primero, en apenas mes y medio, el 18 de octubre, el golpe de AD y los militares y una nueva constitución. Luego, el golpe militar del 48 contra Rómulo Gallegos, el cual sesgó de nuevo la esperanza democrática y produjo otra constitución. Y desde entonces, la dictadura militar, que ya va para nueve años y luce más fuerte que nunca, persecuciones, exilio, cientos de asesinatos políticos. Esta tragedia que vivimos nos la hubiéramos ahorrado si la mala fortuna no se hubiese presentando en el peor momento. (258)

Visto de ese modo, la construcción del drama de Escalante como un episodio trágico no reside tanto en la "mala fortuna" de la que fue víctima sino en la confusión que lo llevó a aceptar el nombramiento a pesar de su estado de salud. Declarar la insania del personaje por momentos aboga por una cierta inocencia de parte de Escalante, como si éste fuera víctima en lugar de autor. Pero existe una narrativa clara que recorre la obra de principio a fin y que muestra que, bajo el efecto de una propuesta quimérica de los voceros políticos de Acción Democrática y del gobierno oficial, Escalante no supo distinguir entre el bien y el mal, y cometió el más infortunado de los crímenes, el sacrificio de la patria luego del caos inmediato que siguió a su partida, la llegada de un golpe de Estado, un gobierno civil provisional, un nuevo golpe, el asesinato del Presidente de la Junta de Gobierno y finalmente la institución de un régimen militarista hasta 1958.

No es por tanto exagerado que Ordóñez comente, al iniciar su narración, que su historia se refiere al "hombre que vino a salvar a la patria y no pudo" o a un "episodio trágico que habría de marcar sus existencias y el rumbo de Venezuela para siempre" (9). Y no es inesperado tampoco que Escalante, al recobrar la razón durante su viaje de regreso a los Estados Unidos, al iniciar su diálogo con Ordóñez le confiese que "[s]iento una gran pena con usted, Humberto. Con este percance, lo he dejado abandonado, solo, ante esa jauría que va a disputarse el poder político en Venezuela, quién sabe por cuánto tiempo" (41).

A pesar de que esta veta interpretativa le otorga credibilidad a la sin-razón de Escalante, no hace más que demostrar que el episodio es el resultado de una cadena de causas y consecuencias, y deja sin respuesta las razones reales que se esconden detrás del infortunio. La explicación de lo sucedido parte de la creencia que las exigencias de Escalante con respecto al cumplimiento de los horarios, la pulcritud en el vestir y su extremada pasión por ser pieza de un engranaje que permitiría el establecimiento de un régimen democrático, aunado al demasiado trabajo y la existencia de una conspiración, debilitaron su sistema emocional y lo condujeron a la melancolía y de ahí al colapso. Como afirma Foucault, "[f]or a long time, doctors were suspicious of the effects of too strict a devotion, too strong a belief" (*Madness* 215, 217). Dejando a un lado una interpretación fundada en el proceso mecánico de causas que desembocan en el colapso de Escalante y que cree que los sucesos del Hotel Ávila pueden explicarse mediante la presencia devastadora del insomnio o la irritabilidad de su sistema nervioso, ¿qué pasaría si se echara mano de los delirios de Escalante, expresados de modo ficcional en la obra de Suniaga, y se analizaran como si fueran vehículos cargados de lógica? ¿Qué sucedería si se cruzara el umbral de la razón y se le diera credibilidad a las imágenes y quimeras de Escalante, es decir, si el lector cruzara también con Escalante la frontera que lo lleva a la razón de la sin-razón? (Foucault, *Madness* 94).

Y es que los delirios de Escalante están atravesados por sentimientos que guardan estrecha semejanza con la realidad. Cuando en el hotel Escalante le confiese a su secretario que "[s]on muchos los que quieren hacerme daño y nadie puede ayudarme" (244), lo dice con razón, pues hasta ese momento Escalante no era sino un instrumento de cada una de las instancias que participaban en el juego político de las elecciones de 1945. Así como López Contreras buscaba su regreso al poder luego de llevar a Medina Angarita a la presidencia –y era, como se ha referido antes, uno de sus aspirantes–, ¿no buscaba Medina Angarita regresar él también al poder como candidato de su partido político luego de que terminara el periodo de Escalante? Gonzalo Barrios, un miembro de Acción Democrática que participó en la Junta de 1945, confesaba a Ana Mercedes Pérez en 1947 que la estrategia de Medina de lanzar un candidato desde su propio partido (el Partido Democrático Venezolano) para ser elegido en el congreso, tenía como objetivo final su posterior regreso como candidato. Y este "artifici[o] más o menos decoros[o]" (*El pasajero* 113) era inaceptable por traer a la memoria una de las características más cuestionables del gomecismo. De hecho Barrios manifiesta que el golpe de 1945 se dio en parte porque la candidatura de Ángel Biaggini no era más que la imposición de un conocido militante del partido de Medina (113). Escalante, que también era candidato del PDV, pero que por su condición de embajador era considerado casi extranjero, era una figura neutral aceptada por todos los grupos que participaban en las elecciones de 1945 –lo que no descartaba que fuera él también una mera escala de transición entre la consolidación definitiva de Medina Angarita, Acción Democrática, los militares jóvenes, los militares viejos remanentes del gomecismo, quienes habían frustrado su elección en 1941, o López Contreras–. Cuando Gonzalo Barrios afirma que "considerábamos [a Escalante] capaz de realizar desde el Poder una transformación casi revolucionaria del sistema imperante" (113), ¿no está hablando desde sus propios intereses y desde su idea particular de poder y transformación? No está errado por tanto Escalante cuando afirma que todos querían hacerle daño.

Los delirios de Escalante, en el fondo, mantienen una discursividad clara construida a partir de imágenes y símbolos significativos que se relacionan con su vida política transcurrida bajo la égida del gomecismo. En ellos prima el carácter doméstico y el robo como acción principal. Escalante cree, en el inicio de una cadena de visiones que se concatenan unas con otras hasta la mañana de comienzos de septiembre de 1945 en el Hotel Ávila, que diversas de sus posesiones han desaparecido o están en riesgo de desaparecer. Y todas ellas, de una u otra forma, se relacionan con la casa. En una ocasión, mientras todavía se encontraba en Washington, Escalante se queja ante su secretario de que alguien se ha robado su vino; ante un simple examen visual, Ordóñez descubre que las botellas se encuentran en la bodega (*El pasajero* 139). En otra ocasión Escalante se niega a comprar un nuevo juego de cucharas de plata para su futura residencia en Venezuela porque pueden ser extraídas sin que nadie se entere, y para probarlo, él mismo se embolsa una de ellas sin que ninguno de los comensales se percaten (190). Por último, en el Hotel Ávila, se queja del robo de su chequera, su auto, sus camisas y pañuelos (249).

Foucault, al citar las opiniones de Zacchias sobre la naturaleza de las alucinaciones en el clasicismo, afirmaba que para éste la locura estaba asociada no solo a la positividad del sueño, sino a la negatividad de la totalidad de la experiencia alucinatoria en relación al acto de dormir (*Madness* 103). En otras palabras, la locura no solo se relacionaba con el dormir por la similitud entre la imagen viva del sueño con las alucinaciones, sino también por el hecho de que ambas tuvieran unas mismas características y se les pudiera otorgar un carácter de verdad similar al que les adscribe un sujeto al despertar. La locura sería un padecimiento semejante al acto de dormir una vez se contrasta con el acto de estar despierto –de ahí que el sujeto cuente con la total libertad para creer que todo lo que está frente a sí es verdad–. Lo que interesa de esta afirmación, sea de forma positiva, mediante la equivalencia entre el sueño y la alucinación, o negativa, a través de la definición del acto de estar despierto como el único elemento que distingue al insano del durmiente, es que ambas experiencias, sueño y quimera, podrían ser intercambiables (*Madness* 103) –la única diferencia sería el acto de fe que separaría la vigilia del sueño–. ¿Qué implicaría el hecho de creer que en efecto alguien de su propia casa, o alguien muy cercano a él, le está robando? ¿Qué implica que su casa se haya hecho vulnerable al robo?

Esto significaría, en un primer momento, que Escalante estaría describiendo con imágenes de robos la desconfianza que siente ante la disputa por el poder que se teje a su alrededor y sus sentimientos vacilantes sobre si la presidencia le será de nuevo arrebatada. Su inseguridad y su propia victimización, se representarían a través de quimeras e ilusiones sobre alguien que desea arrebatar lo que considera propio. Lo singular es la presencia de sus allegados. Durante los años posteriores a 1939, cuando los generales gomecistas se rehusaron a aceptar su candidatura a la presidencia, Escalante llegó a desconfiar de su propia secretaria y de los funcionarios en la embajada que abrían su correspondencia. En abril de 1939 le escribía a López Contreras, por ejemplo, que "[e]n el deseo de imponerle de algunas cosas que sólo deben ser conocidas de los dos, le escribo en esta forma [a mano] para evitar la máquina secretaril. Tenga la bondad de romper estas hojas después de ser leídas, sin darse la pena de contestar" (López Contreras 77). Y en diciembre de 1940 le confiesa en otra carta que sus correos son interceptados en Venezuela y que prefiere por ello enviar la correspondencia con alguien de su total confianza: "Aprovecho el viaje de Antonio Díaz González para escribirle esta carta que le he encargado poner personalmente en poder de Ud. Tengo que decirle algunas cosas, y procedo así porque manos misteriosas, obedeciendo a no sé cuáles intenciones, abren allá mi correspondencia en el correo" (López Contreras 78). No es una actitud del todo inusual en alguien que se desempeñó como embajador y espía de los gobiernos de Gómez, López Contreras y Medina Angarita.

Y es por ello que tampoco parece inusitado que, para librarse del riesgo de ser espiado, las personas de su equipo de confianza fueran tachirenses –una práctica generalizada durante el gomecismo y en los gobiernos de López Contreras, Medina Angarita y hasta en la dictadura de Pérez Jiménez–. Escalante era también tachirense, por eso podía pasar un primer escrutinio de los oficiales del ejército ubicados en los puestos de poder luego de la muerte de Gómez, y como se describe en *El pasajero de Truman*, solo se fiaba de los tachirenses: Ordóñez, su secretario personal, estaba unido a la familia de Escalante –"a mí lo que realmente me abrió la puerta de Miraflores fue ese vínculo de mi madre con los padres del doctor Escalante" (57)–. Igual sucede con Velandia, quien solo se convierte en jefe de prensa de la campaña de Escalante en 1945, cuando prueba su conexión con el Táchira –"Usted era del Táchira, conocía a la gente de allá, eso es crucial" (213)–. Escalante, en cuanto busca "tener control de cada detalle" y salir al paso de unas conspiraciones que él mismo no puede controlar, no hace sino cumplir la labor que siente más cercana a su identidad como "funcionario honesto, con sentido de la responsabilidad, que sirve a un dictador" (*El pasajero* 51). Buscar la razón que se esconde en los delirios de Escalante significa adentrarse en el drama de un sujeto que en última instancia no tiene poder sobre sus propias decisiones, pero al mismo tiempo implica reconocer que como figura ficcional, se comporta con los mismos rasgos de un funcionario efectivo durante el régimen de Juan Vicente Gómez, como un funcionario "cuyos talentos, en buena medida, eran sustento del régimen" (147). Y actúa de una manera lógica y consecuente: se rodea de tachirenses –lo que le garantiza la seguridad de su propia gente–, comprueba la información y asume que las conspiraciones lo acechan. Y como Juan Vicente Gómez, desconfía hasta de los más cercanos.

Ser despojado en su propia casa no hablaría solo de una crisis de identidad, sino que referiría un conflicto más profundo en el cual percibe que su propio ser, su yo más profundo, le es arrebatado. Según Lacan, la alucinación, por definición, está relacionada con el concepto de forclusión, una estrategia de defensa del Yo frente a una imagen que no puede tolerar y que por tanto es eliminada del plano Simbólico. Esta imagen está relacionada con el Nombre-del-padre, que en última instancia es una metáfora que le permite al sujeto reconocer la ley y la muerte –sin relación de necesidad con el padre biológico (*Écrits* 199)–. Para asesinar al padre, el sujeto debe afirmarlo en primer lugar, pues solo es después del asesinato que la ley aparece. ¿Cómo puede Escalante afirmar sus lazos con Gómez si el significante ha sido expulsado de la nación a condición de la ignominia que su nombre simboliza? En el momento en que afirme que su ley moral es la ley del caudillo, será expulsado de la escena política –algo similar a lo que Lacan llama, en el contexto de la explicación de las alucinaciones del juez Schreber, la quiebra de la metáfora paternal (215)–. La ley de Escalante está constituida aún por su apego a la ley de Gómez, pero del significante no queda más que la incapacidad de ser nombrado debido a su irrepresentatividad ética. No puede ser afirmado como tal en lo Real, así que regresa, pero escenificado en lo Imaginario, como alucinación sin control de la voluntad. La repetición de las alucinaciones se convierte en una serie automática de reincidencias que Escalante no puede reconocer y se multiplica de forma involuntaria.

No es por tanto descabellado pensar que en la representación ficcional de los delirios de Escalante se oculte una aversión a un "padre simbólico" que fue expulsado pero del cual se teme su regreso para reclamar el puesto que considera suyo. Ese padre simbólico, que no es otro más que Juan Vicente Gómez, así lo hizo en 1931, cuando se nombró a sí mismo presidente. Fueron sus allegados, los tachirenses en el poder en 1941, los que impidieron a su vez la nominación de Escalante. Es esto precisamente lo que se presenta en uno de los episodios más llamativos de *El pasajero de Truman*, en el que se demuestra la continuidad de Escalante como funcionario del régimen de Gómez. Durante un encuentro con Harry Truman en el cual se había planteado que la campaña anticomunista sería prioridad del gobierno de Estados Unidos en los años posteriores a 1945, Truman le había advertido a Escalante que en caso de un gobierno reticente en Venezuela, "no vacilará en buscar a un militar criollo que sirva mejor a sus propósitos" (184). Mientras Escalante abandona la Casa Blanca, en un carro oficial ve la silueta de López Contreras, quien al sentirse reconocido, esquiva la mirada. El episodio a su vez sella la desconfianza de Escalante con Truman, porque la visita significa que ya hay un acuerdo del gobierno estadounidense con un militar de alto rango en Venezuela que no vaya en contra de sus intereses (*El pasajero* 184-85). El relato de Escalante es complementado por su secretario. A Ordóñez se le ordena investigar quién se encuentra detrás de los planes de López Contreras para volver al poder, pero los telegramas que envía desde la Embajada al Ministro del Interior le confirman que López Contreras ha sido visto en Caracas y que no ha viajado al extranjero (194). En el episodio resuena una carta enviada por Escalante a López Contreras el 12 de diciembre de 1940 en la que le comenta que "[e]l famoso José Ignacio Cárdenas, se encuentra también aquí, en forma misteriosa como acostumbra, registrándose con nombre supuesto en los Hoteles. Está viejo, pero lleno de odios hacia Usted y hacia mí. Ignoro las razones concretas" (López Contreras 78).

Como quizás fuera su modo normal de proceder, Escalante también le pide a Ordóñez que revise los hoteles cercanos e investigue si López Contreras utiliza nombres falsos para registrase. Parece entonces que los delirios de Escalante encubren una realidad más profunda: hablan de su apego a una figura patriarcal innombrable que vuelve del más allá para reclamar el puesto que le corresponde, y a su vez señalan que la idea de imponer un sistema democrático en Venezuela representa para Escalante un conflicto con ese padre, con Juan Vicente Gómez, representado en López Contreras. "Juan Vicente Gómez era el dictador perfecto", confiesa

Escalante en su viaje final (141); "Yo fui gomecista, nunca lo negué [...] Compartía con Vallenilla Lanz la idea de que, después de la guerra civil que fue nuestra independencia y de casi ochenta años de caos y refriegas caudillescas que le sucedieron, había que privilegiar el orden y recurrir un césar [sic] que garantizara la paz y estabilidad social" (149). Creer en la lógica de la sin-razón de Escalante significa reconocer la presencia espectral y sublime de Juan Vicente Gómez en los sucesos de 1945 y de los pecados ocultos de Escalante como espía y protector de ese régimen, que como faltas, regresan.

Otro elemento refuerza la lectura del retorno de Juan Vicente Gómez en los delirios de Escalante: el envenenamiento como causa de su locura. El fragmento, mencionado por Maye Primera Garcés (105), también está presente en *Sumario* (527) y en *El pasajero de Truman* en dos ocasiones, como corroboración de la hipótesis por parte de Ordóñez (296) y en el delirio de Escalante en el Hotel Ávila, donde dice que "[y]a he perdido por completo el sueño y estoy comenzando a sospechar que este malestar que he tenido desde mi arribo a Venezuela no es una casualidad, a lo mejor me están envenenando poco a poco" (243). La mención del envenenamiento como una práctica utilizada por los tachirenses mientras se encontraban en el poder recuerda una afirmación de Pocaterra en sus *Memorias de un venezolano de la decadencia*:

> esos hombres de 1899 han traído una doctrina de ferocidad; en su incultura, en su concepto primitivo de las cosas, para ellos no existe el adversario político sino como un enemigo a quien deben asesinar, eliminar, envenenar, destruir. Todo es lícito contra "el enemigo": el enemigo es el malo, el enemigo está fuera de la humanidad; debe matársele a palos, a hierro, haciéndole ingerir arsénico o vidrio pulverizado. (Castro Leiva 39)

Diana Ceballos explica en su artículo "Hechicería y brujería en el Nuevo Reino de Granada" que era una idea extendida en el Virreino que

> una muerte no explicada, no conocida, es también motivo de dudar, y el hecho de enloquecer antes de fallecer es un indicio de anormalidad, pues se ha de morir de la enfermedad que a uno le corresponde, según los designios divinos, de la muerte propia, y ha de ser de una enfermedad más o menos conocida y de larga duración, con tiempo suficiente para hacer balance y cuenta. (345)

La máquina dictatorial

Y concluye: "La locura parece estar asociada en la época a la muerte por yerbas o por causas 'sobrenaturales', es decir, provocadas por otros medios como hechicería, venenos, yerbas, brujería. El morir con locura era indicio de mediación de estas prácticas en la muerte" (345, nota 9). La muerte de Escalante por causas relativas al envenenamiento, va más allá de la mera especulación o el accidente biográfico refiriendo así la cercanía con lo sublime. Escalante procede del mundo de Gómez y ha sido tocado por su fuerza sobrenatural; su muerte no puede ser la de cualquier mortal. Ha negado su conexión con el Brujo y ha querido embarcar la nación en un experimento democrático de orden exógeno, ocultando sus faltas y pecados. Su espectro –sus faltas y pecados– regresa. Su muerte es entonces una muerte signada por lo sublime, esto es, por la locura.

En *El pasajero de Truman* una nueva máquina se ha acoplado a la máquina dictatorial. No pudiendo representarse de la misma forma en que lo hacía en 1976, es decir, ilustrando en su propio cuerpo la historia y el método de su ensamble como escritura, o fungiendo su mano como fetiche para deslumbrar al público, no tiene otro camino más que acoplarse a un nuevo sistema que le permita retornar –y retornar de forma eficaz–. Y esa nueva máquina funciona como un espectro. ¿Qué produce esa máquina? ¿Hacia dónde fluye el deseo que impulsa esa máquina? Lo más común al hablar del espectro es que su aparición señala la presencia de una deuda, como lo manifiesta Žižek en *Looking Awry* al hablar de *Antígona* y *Hamlet*: los muertos regresan para poner en evidencia una insuficiencia en el trato simbólico recibido (21). La deuda no cancelada, el trato injusto, en última instancia, la falta o el pecado, es el factor original que produce la aparición del espectro. Duncan retorna como espectro para acusar a Macbeth. El padre de Hamlet regresa para convencer a su hijo de que ha sido asesinado y convertirse de tal forma en sinónimo de la ley –como aquello que debe hacer, es decir, vengar su muerte–. Los pecados de Escalante regresan como una deuda con aquél que simboliza la ley, el mismo Gómez, referente de la ley íntima de Escalante. La interpretación más natural acerca de la aparición de un espectro es la presencia de una deuda y del rol del espectro que, volviendo del más allá, habla, interpela, manda, señala y enseña a vivir. Derrida afirma que la sociedad debe aprender a convivir con el espectro y a escucharlo, pues al haber agotado sus días de vivo y haber cruzado el umbral de la muerte para regresar, solo él tiene la sabiduría para enseñar a vivir: "a trace of which life and death would themselves be but traces and traces of traces, a survival whose possibility in advance comes to disjoin or dis-adjust the identity to itself of the present as well as of any effectivity. There is then *some spirit*. Spirits. And *one must* reckon with them" (xx).

¿El espectro regresa solo para señalar una deuda? ¿Se puede confiar en el espectro? En el caso de *El pasajero de Truman* al igual que de *Sumario*, el espectro no solo apuntaría a la existencia de una deuda o se convertiría en el producto de una deuda. Más que manifestarse desde el campo de la falta, el espectro es una máquina destinada a su producción. En lugar de convertirse en el pasivo retorno de un ser que regresa a contemplar, el espectro está asociado a una forma de injerencia directa de la máquina dictatorial en el *socius*. Es un regreso que se presenta, como producto estabilizado, en la forma de una deuda y no al revés. No es la deuda la que produce al espectro. Es el espectro quien produce la deuda. Por tanto se puede confiar en él, pero solo para creer lo que afirma en relación al deseo que hace patente en su propósito de influenciar la sociedad.

Y como espectro se presenta precisamente en un momento tan importante para la historia de Venezuela como lo fueron los años cuarenta, cuando la influencia del gomecismo y los intentos de socavarlo eran aún manifiestos. Ante las disyuntivas de 1945 –democracia o tiranía, un nuevo Gómez o un no-Gómez, progresismo o conservadurismo, inclusión de lo otro o su separación– el exceso de la máquina dictatorial retorna demostrando que la mano del déspota aún está obra destinada a recomponer los códigos destruidos pero siempre prontos a ser reinscritos. El hilo histórico que el narrador y los personajes de *El pasajero de Truman* urden, destinada a ilustrar las condiciones de la "muerte de la patria", en última instancia conducen a la aparición de un nuevo Gómez, un nuevo dictador –Acción democrática en 1945, la Junta de Gobierno en 1948 y Pérez Jiménez en 1950–. Se trata entonces de la producción de una deuda sólida que allana el camino para el regreso de la máquina dictatorial como repetición inconsciente.

La máquina dictatorial

Al estar contaminado por el poder sublime de Gómez transformado en insania, Escalante debe ser expulsado de la polis, si bien no sacrificado en sus límites, como en el caso de Solana o de Carlos Delgado Chalbaud. Su transgresión es doble. Infringe las leyes del régimen democrático que encarnaba por ser una parte más en el engranaje de la máquina dictatorial, pues su calidad de sujeto es una interrupción remota en el flujo del deseo que surge de la máquina. Pero a su vez quebranta la ley del padre simbólico, Gómez, sin ser capaz en última instancia de separarse de ella, a pesar de que en sus discursos públicos manifieste su rechazo. Repite entonces las estipulaciones de la ley de forma compulsiva e inconsciente –espías, aliados, confirmaciones, revisiones, seguimientos, chequeos, cables–. Su culpabilidad es nula o ambigua en extremo, así que no hay sacrificio, solo expulsión, pues el manejo de la polis reclama la razón y el divorcio de la ley del padre innombrable. La obra por ello ficcionaliza el fin de Escalante bajo la forma de su desaparición del teatro político de Venezuela.

Las disyuntivas históricas serán el medio más adecuado para el retorno del exceso de la máquina dictatorial, obsesionada con un régimen que implique cambio –de ahí su condición paranoica–. Pero para instaurar una nueva dictadura, se debe pasar primero por el asesinato del Presidente de la Junta en 1950. En este nuevo caso el espectro no solo produce deudas. Aún cuando estas deudas no existen o están saldadas, la máquina las inventa. Las inventa porque está interesada en mostrar que el exceso y su regreso no solo se efectúan bajo la forma de la alucinación espectral, sino de la revolución, la temida explosión de caos y anarquía que desafía el control interpuesto por la mano del dictador y exige, por tanto, el reensamble de su cuerpo.

Carlos Delgado Chalbaud: El dictador ilustrado

En 1947, Ana Mercedes Pérez narraba que Carlos Delgado Chalbaud "no ha querido concederme ningún reportaje especial sobre la Revolución de Octubre [pues] 'no se deben novelar los hechos revolucionarios'" (153). La figura de Delgado Chalbaud, sin embargo, ha estado atravesada por la ficción desde que se publicara *Aves de rapiña* en 1958. El interés por su persona aumentó luego de la publicación en 1992 de *Los idus de noviembre* por Leonardo Altuve Carrillo, secretario de la Junta de Gobierno de 1948, para extenderse a inicios de siglo, en las dos biografías de Ocarina Castillo escritas en 2006 y 2011, y finalmente con la aparición de *Sumario*, de Federico Vegas.

Michelle Roche Rodríguez, en una de las primeras notas escritas a propósito de la publicación de *Sumario* en 2010, ponía de relieve la presencia del espectro que regresa para interpelar, prevenir y conminar. Para Roche Rodríguez, Carlos Delgado Chalbaud, el foco de la empresa investigativa iniciada por el narrador, se convertía en "el Hamlet de la historia de Venezuela" en cuanto había sido exhortado por el espectro de su progenitor, Román Delgado Chalbaud –quien, como figura política y militar de carrera, había gozado de una posición privilegiada en el Táchira incluso antes de que estallara la Revolución Restauradora–. Con la llegada de Castro al poder y luego del golpe de estado de Gómez, Román Delgado pasó a ser parte central de su maquinaria comercial y financiera, enriqueciéndose gracias a las concesiones marítimas otorgadas por el gobierno. Pero cayó en desgracia cuando intentó remover a Gómez del poder, lo que le valió más de una década de prisión en la Rotunda y la pérdida de la fortuna adquirida. Liberado a mediados de la década de los veinte, se exilió en Francia, desde donde invadió Venezuela por el puerto de Cumaná a bordo del Falke en 1929, para ser finalmente asesinado por las fuerzas leales a Gómez. Carlos, que no desembarcó, huyó en el buque hacia Trinidad y regresó a Francia para hacer frente a los acreedores. Como Hamlet, Roche Rodríguez cree que Delgado habría también recibido en la intimidad de su vida el mensaje del padre insepulto que clamaba venganza.

Sin duda *Sumario* explora esta veta significativa, aunque se abstiene de ficcionalizar el llamado sobrenatural del padre que regresa. Sin embargo, presenta a Delgado como un personaje taciturno que carga con el peso de la desaparición de su progenitor, pues lleva a "cuestas una muerte que no presenció y un cuerpo que no pudo enterrar" (524). El arrojo y decisión que demostró en 1945 y 1948 proceden en última instancia de su deseo de "redimir todo lo que el dictador le había quitado a su padre"

(527), es decir, de luchar contra una suerte de Gómez simbólico, lo que en última instancia justifica su posición de dictador ilustrado –de no-Gómez–. Y es el valor que se asocia a esos dos momentos, contrastado con su timidez y circunspección, lo que convierte su figura en un ícono de contradicciones. En 1945 capitalizó su arribo tardío a la Unión Patriótica Militar tomando el control de la Escuela Militar, espacio que sirvió de nicho al golpe de estado. Por ello, y por los lazos que le unían a Rómulo Gallegos –de acuerdo con *Sumario*, Delgado se hospedaba en su casa y veía en Gallegos una especie de figura paternal– sirvió como Ministro de Defensa durante los tres años de gobierno de Acción Democrática. En 1948, participó a su vez en el plan para derrocar a Gallegos, dando largas a su renuncia como Ministro por sus sospechosas acciones conspiratorias, mientras contactaba a Pérez Jiménez para ordenarle la movilización del ejército. Argumentando su edad y rango se nombra presidente de la Junta de Gobierno por encima de Pérez Jiménez y Llovera Páez (Betancourt 562-63; Burggraaff 112-13; Altuve 53-4).

Nacido en 1909, Delgado Chalbaud, a la manera de Escalante, está a medio camino entre lo venezolano y lo extranjero, pues abandona Caracas cuando tenía cuatro años, después del encarcelamiento de su padre en la Rotunda, y regresa cuando tiene 27, luego del fallecimiento de Gómez. Su ascensión en el gobierno venezolano fue meteórica. Gracias a las conexiones de uno de sus tíos en el gobierno de López Contreras, fue enviado a terminar sus estudios de ingeniería en París en 1937 y luego en la Academia de Guerra de Saint Cyr para incorporarse finalmente como instructor en la Escuela Militar en 1941, cargo en el que sirvió durante el gobierno de Medina Angarita.

Si en *Sumario* la presencia espectral de Román Delgado que regresa está ausente y es solo visible a través de un rodeo interpretativo, sí existe una aparición fantasmal semejante en el nivel del narrador, quien pone en funcionamiento una interesante dinámica en relación al estatuto ficcional de *Sumario* como un sumario. El padre del protagonista y narrador de la obra, quien era amigo personal de Carlos Delgado Chalbaud y a la postre estaba recluido en el mismo hospital al que fue trasladado éste luego del atentado, se le aparece en sueños al narrador para señalarle que en el discurso que Delgado le había dirigido a los militares, se encontraba la razón de su asesinato y la esencia de su visión política –sobre este discurso se hablará más adelante–. El sueño señala que el crimen constituye un suceso que encubre la culpa nacional: "Ustedes mismos, sin ayuda de nosotros, se degollarán a dentelladas" (44). *Sumario* como novela, se adscribe a ese llamado espectral del padre desaparecido, que invita a buscar la verdad que se oculta en un fragmento olvidado. El narrador recuerda que su padre, releyendo los sucesos del 13 de noviembre de 1950, "dijo señalando el periódico: –Es que aquí está todo" (42).

El narrador confiesa que recibió como regalo de cumpleaños el texto que denomina "los recuerdos del sumario", que él mismo había escrito entre 1973 y 1998, de manos de su hija, quien encontró el manuscrito de forma accidental –pero quien a su vez creyó que la revisión y finalización del proyecto podría suministrar vitalidad a la inacción que caracterizaba los años de retiro de su padre (96-7)–. La casualidad del regalo, aunada al mandato del padre muerto que regresa y le ordena escribir, se convierte en el motor que impulsa la obra. La relación del ahora del narrador, unido a los recuerdos de la investigación y al sumario que se intercala en los capítulos, se convierten en la dinámica que permite el avance de la temporalidad de la novela.

Como mandato y empresa, *Sumario* se esfuerza en presentar la investigación como un asunto nunca llevado a cabo y nunca terminado: "No se trataba de algo que sucede y se retira, era más bien una fuerte marea en la que navegaríamos todos [...]. De nada serviría decir: 'Estamos metidos en un problema'. Aún nos toca repetir: '¡Somos el problema!'" (35). Albornoz, el juez encargado, caracteriza el caso como un proyecto que no podrá ser abandonado: "Este es un caso que ya tiene abuelos e hijos de nietos. Aún si me lo llegan a quitar a mitad de camino, seguirá siendo mío" (39). Tal vez por ello se dice que, pensando en Caracas como el epicentro de los hechos del trece de noviembre, la ciudad como sinécdoque de la nación "tiene su futuro en su pasado más reciente. Y, en este mismo pasado inmediato, una prodigiosa ruptura con su fundación y herencia más genuina" (632).

La máquina dictatorial

Sin embargo, el narrador olvida o le resta importancia al hecho de que el sumario sobre el asesinato de Delgado ya había sido escrito y editado por la Oficina Nacional de Información y Publicaciones, y recogido solo semanas después de haber salido al mercado por la Seguridad Nacional (Burggraaff 122). De hecho, la empresa que *Sumario* acomete había sido emprendida antes por Nicanor López Borges en 1971 en su libro *El asesinato de Delgado Chalbaud: Análisis de un sumario*, donde reproduce los testimonios y los valora a través de anotaciones en las que discute las particularidades de lo que narran y lanza conclusiones sobre la culpabilidad y la veracidad de lo que afirman cada uno de los entrevistados –en una extensión similar a la de *Sumario*–. En otras palabras, la categorización más clara de la obra como ficción resulta del propósito de hacer creer al lector que el sumario es una tarea incompleta. Nada más contrario a la realidad: el sumario es un hecho terminado y el comentario al sumario tiene casi treinta años de haber sido publicado para cuando Vegas decide escribir la obra. En referencia a la historia que cuenta *Sumario* y que se ordena en torno a ese trece de noviembre, dice Albornoz, el juez encargado del caso "la verdad para los griegos no era ese acuerdo entre la inteligencia y la realidad, sino una especie de destello, un deslumbramiento sin conclusión, un presagio de una calidez intensa, pero pasajera" (602). *Sumario* será la instalación de ese "deslumbramiento sin conclusión", caracterizado como un proyecto inconcluso sobre lo que ya existe y fue escrito de modo excesivo en sus más de 700 páginas, redundante (en cuanto hecho artístico) y suplementario. En consecuencia, su estatuto como literatura pasa a convertirse en uno de sus pilares fundamentales.

En *Sumario* el escritor como personaje adquiere una incuestionable importancia. Albornoz, el juez encargado del sumario, se comporta como un escritor, y explica el asesinato de Delgado usando versos de Kipling (38). Los rasgos del padre del protagonista se construyen de un modo similar a los de un escritor –su biblioteca, su disciplina y frugalidad–, al igual que los del protagonista, quien tiene conciencia de que está escribiendo una novela, a diferencia de *El pasajero de Truman*, y vive de forma semimonástica en una cabaña solitaria en Macuto. Enmarcándose a sí mismo en el horizonte de lo escrito al compararse con el colombiano

Germán Arciniegas, *Sumario* se explica como "el arte de recrear libremente un evento histórico sin dejar saber al lector cuando se inventa y cuando se cita, cuándo se está escribiendo una novela y cuándo una historia" (505). Su carácter de escritura intencional, que en un primer momento se presenta como cita textual en cuanto incorpora fragmentos del sumario, se convierte en material de ficcionalización. El autor implícito de *Sumario* está construido mediante una clara distinción: se trata de un escritor versado en la tradición literaria que es capaz de corregir y modificar los documentos del sumario y definir el estatuto ficcional de su obra mediante la cita a otros textos literarios para de este modo encubrir las diferencias entre ficción y realidad. No resulta extraño, por tanto, que el narrador confiese que su programa de apropiación de la realidad no lo detiene a la hora intervenir a su gusto en las confesiones de los procesados que extrae del sumario (351). Pero en cuanto lo escrito es superfluo y excesivo, el narrador, que coincide con el autor implícito, hará constantes referencias a la poca importancia de lo que narra: "No me siento nada seguro en el papel de un escritor que pretende develar un misterio cada vez más intrascendente" (703). "Esta escritura no parece tener fin ni finalidad" (711). "Este caso no ofrece sino polvo de papel viejo que le hace daño a mis lagrimales; deberíamos escribir sobre algo que está pasando" (*Sumario* 349).

Parece que en lugar de investigar el pasado, *Sumario* tiene la pretensión de convertirse en un estudio sobre el momento actual en la forma de una prescriptiva sobre el manejo de la política de Estado. Esta "prédica", para usar la expresión acuñada por Miguel Gomes (115-16), en cuanto sirve como prescripción ética, se resume en el discurso pronunciado por Delgado Chalbaud pocos meses antes de su muerte. El espectro del padre del narrador ha determinado que en ese texto se esconden las causas de la muerte de Delgado Chalbaud y se sintetiza su aparición luminosa en la historia venezolana, como si se tratara del credo o el programa de un no-Gómez. En el discurso, Delgado Chalbaud menciona que la intervención de los militares, además de ser momentánea y transitoria, está orientada al establecimiento de un gobierno civilista:

La máquina dictatorial

> En Venezuela el gobierno democrático es un imperativo histórico desde el nacimiento mismo de la nacionalidad, porque fue una de las consignas de los libertadores en sus luchas por la independencia. Pero cuando un régimen, como es el caso del que presidimos, se ha formado por la exigencia de la colectividad amenazada de perturbación y desenfreno, atendiendo al clamor público para impedir la aniquilación del país, la consulta electoral se hace más indispensable, no sólo para demostrar que la institución armada, salvadora de la Patria en peligro, no ha olvidado ni por un momento su espíritu de servicio ni su vocación patriótica, sino para que los ciudadanos y el pueblo en su conjunto, asuman la responsabilidad de sus destinos y puedan tomar en forma debida las decisiones acerca del sentido y la organización de su vida pública. (59)

La mano de Delgado Chalbaud se convierte en símbolo que controla la anarquía para convocar elecciones directas e instituir la democracia, satisfaciendo así el sueño patriótico. Como personaje, interviene para anunciar a la sociedad el rumbo y el deber-ser de la injerencia militarista en la política nacional. Su muerte obedeció a la intromisión que su interinidad transitoria representó para las esperanzas que un grupo económico había depositado en el regreso de un nuevo Gómez. Delgado Chalbaud representaba el desplazamiento de una vieja élite, iniciado durante el gobierno de Medina Angarita. Los dos años de gobierno de la Junta contaron con una estrecha participación de una recién formada burguesía venezolana, en especial en relación al fomento de la industria, la reforma a la Ley del Petróleo y la creación de mejores oportunidades de intervención extranjera –Nelson Rockefeller fue una de las figuras que intervino durante estos años con una red de mercados y una serie de contratos de pesca que casi llevan a la quiebra a Antonio Rivero, integrante del grupo uribante (Castillo, *Un hombre* 146, 191; Burggraaff 117; Dupray 81-2)–.

La hibridez de Delgado Chalbaud en *Sumario* se convierte, como en el caso de Gómez/Peláez en *Oficio de difuntos*, en la objetivación de datos que se recortan y se añaden, para formar un ser añorado, producto de un flujo que requiere aún la presencia de un déspota. Los factores de su biografía lo convierten en un César esperado –un Gómez liberal, ilustrado y extranjero– al provenir directamente de un mundo blanco añorado por partida doble, pues pertenecía a la burguesía tachirense de finales del siglo diecinueve y había sido educado en Europa, donde había residido la mayor parte de su vida. Su imagen colma las expectativas que rodean la aparición del déspota que, por proceder de afuera y ser secretado dentro al mismo tiempo, impone un espíritu que vivifica el reducido medio de la política criolla y finaliza la modernización real de la nación.

Pero este dato añorado y celebrado en los círculos civiles, se convierte a su vez en una excusa para su rechazo entre las filas del ejército. Como lo refiere *Sumario*, un oficial, en medio de una fiesta, "levantó su copa y le dijo a los demás oficiales en voz alta: 'Tranquilos, sean moderados, ni excesos ni vulgaridad, que ya viene Delgado, pero no se preocupen, que ese carajo se queda poco tiempo'" (544). Esa separación hacía necesaria la presencia de Pérez Jiménez, pues éste, a pesar de ser pocos años más joven, era un oficial tachirense cercano a los remanentes del gomecismo y a los partidarios de un régimen andino. Contaba a su vez con una mayor aceptación en las filas, en especial por su origen humilde (ante la muerte de su padre, su madre, de origen colombiano, sostuvo la familia como maestra de escuela) y la personificación del sueño militar de superación personal –se graduó en 1934 de la Academia Militar con las mejores marcas (Burggraaff 114)–.

Si bien la conexión de Delgado con Medina Angarita lo identificaba como un patrocinador de una nueva clase de riqueza, esto en nada demerita el hecho de que sus biografías resalten su carácter liberal y progresista: "era un hombre de convicciones liberales modernas: respetuoso de la libertad individual, del constitucionalismo, de la modernización, de un intervencionismo moderado y de la puesta en práctica de iniciativas políticas y sociales que apuntasen a una mayor calidad de vida en la población" (Castillo, *Un hombre* 67). Sus medidas políticas no pudieron dejar de considerarse como una continuación de trienio de Acción Democrática, dirigidas en mayor medida a las masas populares, "lo cual fue considerado por los sectores tradicionalmente dominantes como una intromisión del populacho, de los sin cultura, acuñándose la expresión 'el gobierno de los alpargatudos'" (Castillo, *Un hombre* 83). Laureano Vallenilla Lanz afirmó que "[b]ajo la guerrera del oficial subsiste el estudiante revolucionario y socializante" (*Obras* 199). Incluso el presidente venezolano Hugo Chávez manifestó en Cadena Nacional el día 14 de noviembre de 2011, que los intereses petroleros fueron los culpables del asesinato de Delgado porque "quiso tomar control del petróleo [...] y no se subordinó a la burguesía criolla" ("Chávez").

El rostro de Gómez fue el que en última instancia selló su muerte. Burggraaff afirma que "Delgado's moderation was a calculated effort to build civilian support, with the objective of becoming constitutional president by way of the ballot box. Quite possible he was trying to determine the best timing for the elections, while assembling a political base, when death suddenly intervened" (119). *Sumario*, basado en parte en las confesiones de Lucía de Delgado, relata que –ante las sospechas de que Delgado Chalbaud buscaba regresar a la presidencia como candidato civil una vez que terminara el periodo de quien él había nombrado como su sucesor (Armando Gabaldón, a ser elegido solo once días después del trece de noviembre, el día del magnicidio)– Delgado Chalbaud llamó en repetidas ocasiones a Pérez Jiménez, consciente de que las sospechas acarreaban una sentencia de muerte. *Sumario* resume la conversión de Delgado Chalbaud en un nuevo Gómez de la siguiente forma: elecciones el 24 de noviembre de 1950, nombramiento de Arnoldo Gabaldón presidente provisional; Gabaldón, a su vez, al expirar su mandato, llama a elecciones con Delgado como candidato, lo que trae de nuevo a Betancourt y Acción Democrática. "[V]olvimos a Gómez" (*Sumario* 685).

Lo que asciende hasta *Sumario* es una construcción artificial a base de objetivaciones, cortes y adiciones. Su origen tachirense se suprime. Su conexión con la nueva burguesía se suspende a propósito. Se recalca su timidez elegante y sensible, efecto de su contacto con el fantasma de su padre, mientras se encumbra su valentía a la hora de dar el paso que lo consagra como un guerrero que es capaz de forjar su propia historia. En su discurso prima la voluntad que impone sobre la anarquía; al final, sin embargo, aparece como un mandatario civilista que solo buscaba continuar con las promesas de cambio social auguradas por Gallegos y Acción Democrática.

Acople: Revolución

Ante el riesgo de la prolongación de una aventura exógena, la máquina dictatorial añade una nueva máquina destinada a frenar el avance del tirano ilustrado y supurar un nuevo déspota más consecuente con la efigie de Gómez. Su codificación repite los lugares comunes de la conspiración y el golpe de mano, pero añade la presencia de una figura mítica que retorna desde el origen de la historia, Rafael Simón Urbina, un "Lope de Aguirre redivivo", como señala Altuve (29). *Sumario*, al poner en escena los recuerdos y testimonios relacionados con la investigación, describe su configuración paso a paso. En primer lugar, su financiamiento, perpetrado por dos figuras unidas a la riqueza petrolera de las primeras concesiones otorgadas por Gómez, Antonio Aranguren y Antonio Rivero, quienes habían sido desplazados por la nueva élite. En segunda medida, la logística, en manos de Franco Quijano, asesor de la campaña de López Contreras y partidario del regreso de un gobierno de mano fuerte. Y por último, Urbina, el autor material, quien reúne en su propia casa un conjunto de hombres traídos de la región de Coro y otros contratados en Caracas como choferes particulares, la mayoría provenientes de la clase trabajadora, y muchos de los cuales no sabían a ciencia cierta del proyecto que tenían entre manos. El plan original consistía en secuestrar en la mañana del trece de noviembre de 1950 al presidente de la Junta de Gobierno y crear un vacío de poder. Con el pueblo venezolano movilizado en las calles, Urbina esperaba el brote de un levantamiento popular y la instalación de un nuevo régimen.

¿Quién es Urbina y qué representa? La vida de Urbina, natural de la región de Falcón, estuvo marcada por la leyenda de su oposición como caudillo regional contra el régimen de Gómez una vez se unió a la revolución de José Manuel Hernández en 1914, y después de su captura, cuando se alió a su tío Manuel Urbina en 1919, lucha que lo mantendrá por cuatro años internado en una guerra de guerrillas. Luego de exiliarse, regresa a Venezuela en 1925, pero solo tres años más tarde se declara de nuevo en desobediencia para comandar un nuevo alzamiento (McBeth 399). Luego de la muerte de Gómez, Urbina sirvió de espía a los revolucionaros que se habían instalado en Nicaragua durante los

La máquina dictatorial

gobiernos de López Contreras y Medina Angarita, de forma que durante los juicios por peculado seguidos a los dos presidentes mencionados, los bienes de Urbina fueron también confiscados. Una vez el golpe de 1945 envió al extranjero decenas de figuras unidas a los gobiernos anteriores y en 1948 al mismo Rómulo Gallegos, Urbina siguió como agente secreto del gobierno dando cuenta de los pasos de los conspiradores. De hecho se reunió con Gallegos en Nueva York, sirviendo de espía ahora para el régimen de Delgado (Altuve 46-8). Cuando Urbina regresa a Caracas, cree que Delgado utilizará sus servicios, pues Pérez Jiménez ya lo hacía, como lo recuerda la esposa de Urbina. En 1948, Pérez Jiménez le había regalado un revólver y le había concedido un permiso especial "para hacer detenciones", lo que implicaba que hacía parte de un grupo de civiles armados que el régimen utilizaba (López Borges 120). Urbina pensaba que Delgado también lo convertiría en su valido y le devolvería sus bienes, anulando las investigaciones por peculado. Tanto *Sumario* como *Los idus de noviembre* se detienen en la serie de desplantes personales que Delgado le hace a Urbina, lo que en última instancia trunca la admiración y la convierte en odio, y la promesa de no oposición a la Junta de 1948, se convierte en aliciente de venganza.

Las acciones de la mañana del trece de noviembre siguieron una ruta distinta a la esperada. Luego del secuestro del Presidente de la Junta y su edecán, y del arribo del grupo a la quinta de propiedad de Urbina, a uno de los alzados se le sale por accidente un tiro que deja a Urbina herido en una pierna. Sin una voz de mando que dirija la operación, Delgado es arrojado del vehículo y asesinado a tiros. Urbina huye a la embajada de Nicaragua con su familia y de allí es conducido a prisión, pero en la noche de ese mismo día, mientras es transferido a otra cárcel, se le aplica la ley de fuga y también es asesinado (Burggraaff 122; Altuve 43; Castillo *Un hombre* 280; Castro Leiva 37-42; Dupray 59; López Borges 84; Vegas 107).

Como máquina, Urbina encarna el retorno de la revolución popular que sigue al pie de la letra los códigos del alzamiento caudillesco. Castro Leiva cree que Urbina "obedecía a la cultura del caudillismo militar del feudalismo bastardo. Esa mano pertenecía al gomecismo. ¿Porque, qué otra cosa era la figura de Urbina?" (42). En la carta que Urbina le dirige a Pérez Jiménez expresa que "[c]omo le dije cuando llegué al país, no quiero más Presidente que usted. Delgado quedó malherido, aunque yo no quería que lo mataran como le consta al motorizado" (López Borges 456). *Sumario* y otras fuentes añaden una línea más: "en estos momentos tengo movilizado al pueblo de Venezuela". El narrador de *Sumario* cree que esta idea de *movilización* del pueblo venezolano, junto con la mención de "saqueos" (209) y el aviso a Pérez Jiménez que "en Caracas ya están peleando" (220), es singular en cuanto refleja una clara falta de sincronía entre la ciudad moderna que la dictadura de 1948 se esforzaba por crear, y el mundo rural y agrario representado por Urbina. ¿Qué sitio tenía en la Venezuela electrificada, de monumentos y grandes autopistas, un hombre como Urbina y una revolución llevada a cabo por 24 hombres sin experiencia, mal armados y en estado de embriaguez? *Sumario* cree que las revoluciones sucedidas bajo el caudillismo, las que alcanzaron su punto culmen con Castro y Gómez, no eran posibles en la Venezuela de 1950. Esto, por supuesto, como consecuencia de la fallida invasión del Falke en 1929, como lo anota Manuel Caballero (*Gómez* 310).

Urbina preveía que una revolución de masas apoyaría su levantamiento y el de sus hombres luego del secuestro del presidente de la Junta. El narrador, ahondando en la asimilación de revolución como levantamiento popular armado, opina que la lógica de las acciones de Urbina obedecía a un principio de lealtad familiar que resultaba incomprensible en la estructura de la clase media posterior a 1945. En el asesinato de Delgado el narrador de *Sumario* entrevé un alzamiento similar a los emprendidos por los caudillos del siglo diecinueve, en cuanto toda la familia de Urbina participó del hecho, incluyendo la esposa, encargada de tocar el pito de su automóvil una vez la caravana presidencial saliera de su casa en Chapellín. Cuando Urbina ve que la muerte se le aproxima, le pide a sus hijos que continúen la lucha, porque él "empez[ó] esto demasiado temprano". Pasado y futuro se entremezclan en este pasaje:

> El domingo y el lunes en la madrugada, la casa de Urbina parece una hacienda en plena guerra federal [...] Son hombres que pertenecen a otro tiempo y a otras geografías. Urbina y sus 24 hombres saldrán a una Caracas que los desconoce y los considerará una terrible plaga de la que nadie quiere contagiarse. El mismo

afán de modernidad y progreso que ha invadido la ciudad, la incita a borrar de sus recuerdos un episodio que pertenece a un pasado muy reciente, aún latente y amenazante, algo que debe desaparecer para poder seguir adelante. Los hombres que van llegando a la Quinta Luzant el domingo en la tarde ignoran ese extravío, esa absoluta asincronía. (*Sumario* 107)

En la Caracas moderna, Urbina y su grupo no encuentran un lugar temporal o geográfico. Pertenecen a otra época, a un mundo olvidado. Sin embargo, el narrador asegura que los hechos no sucedieron hace sesenta años, sino que son recientes y que aún son "latentes y amenazantes", mostrando de nuevo que la revolución que Urbina representa está activa en el presente.

La afirmación de Caballero y del mismo narrador de *Sumario* sobre la imposibilidad de levantamientos armados de ese tipo, confiando en el apoyo de civiles, olvida que, en efecto, hubo levantamientos apoyados por civiles armados. Betancourt afirma que en el golpe de 1945, Acción Democrática repartía fusiles a los voluntarios civiles para que combatieran a los reductos todavía fieles a Medina Angarita: "Nosotros, en la calle, cumplíamos con lo que era nuestra tarea: suministrar grupos de militantes del Partido a los cuarteles, para que se terciaran el fusil de voluntario" (235). En enero de 1946, por ejemplo, en el Regimiento Bermúdez Dos en Caracas, un grupo de sargentos y cabos tachirenses alzaron una guarnición de hombres a caballo, y en diciembre de 1946 se levantó en los páramos de Tuñame y Jajó en Trujillo el guerrillero Juan Bautista Araújo, entre muchos otros intentos de golpes, revoluciones y alzamientos de guarniciones (Castillo, *Un hombre* 202). Es decir, la idea de Urbina no era descabellada. La ausencia de sincronía en realidad apunta al presente del narrador que ha revestido un hecho contemporáneo, el Caracazo, con el ropaje de la revolución caudillista –esta afirmación se ampliará al final de esta sección–.

La mención del asesinato de Urbina sirve también de pasaje hacia el futuro. El narrador de *Sumario* sigue por senderos similares a los que menciona Castro Leiva en su análisis sobre la labor de los militares en función de la instalación definitiva de la democracia. Castro Leiva habla de la "tarea de Sísifo" que caracterizó a la Fuerzas Militares venezolanas hasta 1950, hasta el magnicidio de Delgado. Los militares arrebatan el poder de los civiles porque la nación que construyen no es la patria soñada. Se toman el poder a modo temporal para devolver la paz y "restituir la República en sí misma" (27). Luego entregan esa república de nuevo a los civiles, de quienes la arrebatan de nuevo, argumentando las mismas razones. En medio de esa vuelta al mismo punto, sucede el magnicidio. Y más tarde, con el magnicidio, la muerte de un Urbina herido e incapaz de moverse, por ley de fuga. Castro Leiva opina que el ejército, que se percibía como el cuerpo encargado de devolver la normalidad al país, se convirtió en ese momento en régimen de fuerza y en fuerza de represión. El narrador de *Sumario*, aduciendo razones similares, observa:

> El asesinato de Urbina señala el camino definitivo hacia lo realmente perverso. Había sido cometido por una maquinaria extensa y organizada; podemos incluso decir que ortodoxa, pues se utilizó un método conforme a los dogmas y principios de un sistema militarista que fue aceptado por la mayoría de la sociedad, al punto que, más de medio siglo más tarde, cuando se habla de los crímenes de la dictadura de Pérez Jiménez, poco se cita el caso de Rafael Urbina. (294)

Así interpretado, Urbina sería la primera víctima del régimen de Pérez Jiménez, cuyo poder confiaba en los servicios de la policía secreta como fundamento de la seguridad del régimen. *Sumario* ficcionaliza un diálogo telefónico con Maldonado Parrilli, el director de la Seguridad Nacional en 1950, a quien el narrador encuentra años después. Maldonado manifiesta que es precisamente luego del magnicidio de Delgado cuando la presencia de los organismos de seguridad se torna en fuerza de represión:

> La Seguridad Nacional la crearon en 1936. Cuando los adecos y militares le dan el golpe a Medina, la SN comienza a perseguir abiertamente a la oposición. Esta persecución se agudiza cuando, a su vez, los militares sacan del poder a los adecos. Después de la muerte de Delgado Chalbaud se entró de lleno en la dinámica de los asesinatos, los torturados y las desapariciones. (185)

Urbina es una suerte de figura mítica de cara doble, un Jano que mira hacia un pasado tan lejano como Lope de Aguirre y tan cercano como la guerra federal y los alzamientos en contra de Juan Vicente Gómez; pero al mismo tiempo mira al futuro, al establecimiento de un sistema autoritario de fuerza con Pérez Jiménez.

Sacrificio

Para Altuve, Delgado Chalbaud asumió el rol del paterfamilias que en la antigua religión romana, en el idus (mitad) de noviembre, el trece exactamente, celebraba un rito para honrar a Júpiter y a los lares familiares. En este caso, Delgado Chalbaud, convertido en el nuevo paterfamilias de la nación que nunca llegó a ser a causa de la interposición incomprensible de una revolución anacrónica perpetrada por el caudillo rural representado en Urbina y sus secuaces, ofrece su propia vida –un sacrificio que lo reintegra en un imaginario cristiano de renuncia y mortificación y prepara su regreso como espectro–. Y por su carácter transgresor contra la efigie del caudillo rural –padre, modernizador y constructor– Delgado es conducido a los límites de la polis, a un sitio apartado que, para el narrador de *Sumario*, había sido concebido como un lugar para el sacrificio: "Al juez se le metió en la cabeza que aquel espacio había sido modificado para matar, y quería establecer si la altura de las paredes permitía ver desde la calle lo que sucedía en el interior, y qué era y para qué servía un nicho que estaba en el muro izquierdo" (117).

Sumario ahonda en la interpretación del magnicidio como un holocausto personal, al que Delgado Chalbaud se entrega con la consciencia del martirio:

> Carlos Delgado pretendía analizar su conciencia luego de enfrentar los hechos [el que iba a ser traicionado y que sus enemigos lo iban a matar], y eso fue, paradójicamente, lo que alimentó sus dudas, fundamentó sus errores, lo llevó a aliarse con sus enemigos y lo condujo a una trampa que, hasta escuchando los fundamentados consejos de un buen amigo, no hubiera podido evitar. (602)

Altuve cree que en pos de la comprensión de la magnitud de ese holocausto, se hace necesario entonces escribir una biografía sobre Delgado Chalbaud que en lugar de ofrecer una explicación racional de los hechos que condujeron a su muerte, aspire a funciones adivinatorias, para que "los venezolanos encuentren, como los augures en las entrañas de las víctimas sagradas, el ideal destino de sus vidas y oigan las voces de la nacionalidad" (57). En las entrañas de Delgado como víctima propiciatoria se revela el escalamiento progresivo de la anarquía. Para Castro Leiva, el asesinato de Delgado marca el fin de los anhelos de una dictadura que encarna el tirano ilustrado. "Con ese magnicidio se mató la posibilidad de la idea de una dictadura liberal y republicana: la interinidad se trocaba menos hamletianamente en puro régimen de fuerza" (27).

¿Qué representa el auto-sacrificio perpetrado por Delgado Chalbaud y su retorno como deber-ser en la Venezuela posterior a 1993? ¿Cuál es el deseo que se manifiesta en la intromisión de la máquina de la revolución rural al cortar el flujo de la máquina dictatorial en esta nueva versión como déspota ilustrado? En primer lugar, *Sumario* revela la presencia de dos máquinas que se oponen entre sí. Por un lado Delgado Chalbaud, quien funciona como una variante de la máquina dictatorial, y el caudillo rural, utilizado a su vez como instrumento de regreso de un gomecismo resurrecto en medio de una situación que pone en evidencia el valor supremo de las dicotomías, como lo fue en 1945, pero como también lo representa la Venezuela de finales del siglo veinte y principios del veintiuno. Si la insania afectó a uno de sus protagonistas como manifestación sublime, la revolución, como alzamiento de un grupo particular con la meta de causar un desorden popular, es otra forma de retorno. *Sumario* proyecta el alzamiento como simulacro. Sin embargo, los códigos que fundamentaban las insurrecciones en el siglo diecinueve han sido remplazados por una axiomática que cosifica la adherencia al caudillo en una estricta lógica de clase, representada en aquellos que sirven, de forma ignorante, a los planes de Urbina. Altuve manifiesta algo similar, en cuanto las fuerzas de Urbina recurrieron a "la *hez humana* (alcohólicos, leprosos, hampones, tarados y drogadictos) para ejecutar un crimen de trasfondo político" (18).

Para *Sumario*, el deber-ser del gobierno de Delgado Chalbaud se manifestaba como el control sobre una "colectividad amenazada de perturbación y desenfreno", pero fue esa perturbación y ese desenfreno los que cobraron su vida. Urbina y sus corianos son una "plaga" que invade la polis y por ello deben ser expulsados o eliminados. Y esa expulsión se cumple al pie de la letra. Dos de ellos, luego de escapar, se refugian, por días, en un basurero, en el límite del espacio social que recuerda la liminalidad del muladar antiguo. En ese intento de explicar el presente a través del estudio pormenorizado y suplementario del pasado, *Sumario*

La máquina dictatorial

replica las diferencias de clase patentes en *Oficio de difuntos* en 1976. La máquina de la revolución caudillista se caracteriza como una turba enfebrecida surgida de la base de la pirámide social enfrentada a una minoría educada que apuesta por una nueva configuración de la máquina dictatorial, representada en un Delgado sacrificado y resurrecto.

Coronil describió las generalidades del mundo del cual surgió *Oficio de difuntos*, mundo que también reproduce, aunque de modo exagerado, *Sumario*. El mito de una Venezuela rica y democrática se fue lentamente resquebrajando a partir de 1978, cuando los dirigentes políticos reconocieron que la riqueza petrolera no servía más como acicate del crecimiento económico (368). Las grietas visibles en la imagen del político como mago, encarnado por la riqueza del primer gobierno de Carlos Andrés Pérez (1974-1979), revelaron la dependencia de la nación venezolana con empréstitos adquiridos en el extranjero. La incapacidad de pagar las deudas adquiridas en el boom petrolero durante las presidencias de Luis Herrera Campins (1979-1984) y Jaime Lusinchi (1984-1989), mermaron la confianza de inversionistas e industriales en el mercado interno (370). En su deseo de estabilizar los mercados y al percatarse de que las reservas internacionales habían sido consumidas, Carlos Andrés Pérez en 1989 implementó las medidas dictadas por el Fondo Monetario Internacional, destinadas a desmontar el estado de bienestar, lo que se tradujo en una merma en los salarios y en la capacidad de compra. El pueblo se volcó en una acción anárquica e independiente, el Caracazo, una serie de violentas manifestaciones y desórdenes callejeros que fueron duramente reprimidos por la policía en 1989, a solo meses de la llegada de Carlos Andrés Pérez al poder (376). El pueblo dejó de ser percibido como fundamento del Estado y se convirtió en turba enferma a la cual es necesario controlar (378). Las élites, a su vez, fueron vistas por el pueblo como un grupo privilegiado que solo busca el enriquecimiento personal a través de la privatización y el empobrecimiento de las masas.

No puede negarse que la memoria del narrador ha revestido el Caracazo con el ropaje de la revolución popular para transformarla en un hecho con raíces en el pasado y la posibilidad latente pero amenazante de su repetición en el futuro. *Oficio de difuntos* preveía una explosión similar y ofrecía la imagen todopoderosa del caudillo andino como remedio. Al convertirse en una posible ocurrencia en la cadena de repeticiones, la anarquía reclama una vez más el surgimiento de una mano poderosa que la ponga en jaque. Aquello que regresa sin embargo, no es la repetición de Gómez/Peláez como copia según las condiciones y mandatos de la representación icónica. Es ahora la turba enfebrecida que siguió a Urbina la que se presenta como aliada de un poder que anhela el retorno de Gómez/Peláez. Se necesita, en todo caso, un déspota. *Sumario* expresa el deseo del regreso de una mano fuerte por medio de la ficcionalización de Delgado Chalbaud y su reconfiguración como dictador ilustrado pero comprometido. Su sacrificio lo convierte en espectro y asegura también la producción de una deuda. Desde la irrepresentación que proveyó las copias que fundamentaron *Oficio de difuntos*, ascienden hasta *Los idus de noviembre* y *Sumario* formas que mantienen una correspondencia parcial y borrosa con Gómez/Peláez. *Sumario* hace todo lo posible por demostrar que la previsión de Delgado por regresar al poder como candidato civil fue una confusión. Es decir que Delgado, como figura ficcional, no es Gómez. Y a la vez, Delgado, por sus particularidades biográficas y su plan liberal representa un no-Gómez y sus acciones, alimentadas por el deseo de resarcir aquello que su padre perdió, todo lo cual lo convierte en un anti-Gómez. Desde el horizonte del deseo, la repetición y la diferencia, solo se puede afirmar que Delgado se presenta como otro-Gómez, como una imagen suplementaria, excesiva y diferente a Gómez. Esto implica que su representación como personaje es otra a la que pervive en *Oficio de difuntos*; pero por ser otra, es repetitiva. En la cadena sucesiva de reproducciones, es Gómez, el tachirense blanco de poderes sobrenaturales anhelado por su responsabilidad, éxito y los valores simples de su concepción familiar de la nación, quien se repite en Delgado –el tachirense blanco europeo de modales aristocráticos que en su deber-ser proclamaba el control de la anarquía popular– como Gómez/Peláez. Su conversión en espectro y la deuda que esa conversión produce, enmarcan su retorno ficcional.

Conclusión

Si la máquina dictatorial se repite, lo hace en virtud de su exceso. La idea de un déspota que ingresa desde afuera o se origina adentro para modificar, cancelar leyes arcaicas, crear unas nuevas y establecer renovados y eficientes sistemas de burocracia y vigilancia, es siempre la mayor tentación cuando la injusticia se vincula a la insuficiencia de los códigos previos y el progreso se une a la infusión de cambio. La nostalgia por el caudillo no es original y única de Hispanoamérica, al contrario, se acrecienta con la modernidad, como lo han demostrado Deleuze y Guattari, en cuanto la sociedad capitalista tardía añora la reterritorialización del primer estado.

Del fondo del conjunto de representaciones del dictador en la historia y la narrativa hispanoamericana ascienden series de nombres y cuerpos que responden al deseo de los autores por fundamentar un evento. Un rostro o un organismo brota en la superficie, algunas veces de forma completa, otras veces de modo fragmentario e incompleto por voluntad del escritor que corta, extrae, adhiere y fuerza piezas independientes en la representación que construye. Aquello que en última instancia se abre vía hasta la escritura es una acumulación de elementos que solo en apariencia mantiene consistencia y unidad. Por momentos, el regreso se asemeja a las ocurrencias obsesivas de un ritual o ceremonia que ya perdió su significado inicial y solo se repite como si fuera un reflejo involuntario. Sin embargo, en cada caso particular, algo nuevo se expresa, embebido con la indumentaria de lo conocido. Las formas grotescas y terribles que Gombrowicz contemplaba en el campo de lo intrahumano han sido desplazadas por la construcciones artificiales y aberrantes en el mundo de lo posthumano (*Anti-Oedipus* 98).

El retorno, en última instancia, depende de la voluntad del escritor en su labor de codificación artística del deseo, y por ello en ocasiones el dictador es apenas un trozo que no alcanza a afianzarse en el plano de la escritura. El significante despótico ha sido transformado en un flujo intermitente que apenas se percibe. Sin embargo, sus endebles pulsaciones se interrumpen y cortan para dar lugar a la recolección de eventos que no le atañen. El atisbo lejano del ser se convierte en el relato del no-ser, en simulacro, que se dedica a la puesta por escrito de su configuración de artificio escritural como un mapa de dispersiones y fragmentos (*Anti-Oedipus* 43). Es una narrativa que se anuncia como la copia del déspota pero que, recordando a Baudelaire, entrega a la mano extendida del lector desprevenido verdadera moneda falsificada (*Anti-Oedipus* 134).

Existe, sin embargo, otra forma de regreso. En él, la monumentalidad característica de la novela del dictador como copia de la máquina dictatorial invade la escritura por los resquicios que ha dejado abiertos la presión efectuada sobre las partes. Fragmentos del mundo real, lo no-ficcional y la tradición migran como intentos renovados de relatar el no-ser. La obra quiere manifestarse como un espacio que rechaza al dictador o como la narración de su ausencia. Pero en ese intento, el cuerpo del déspota se descubre como precursor oscuro que se repite una y otra vez en el intento de ser interrumpido y convertido en no-ser.

Obras citadas

Adorno, Theodor. "Commitment." *Notes to Literature II*. Rolf Tiedman, ed. Sierry Weber Nicholsen, trad. New York: Columbia UP, 1992. 76-94.

Agamben, Giorgio. *Homo Sacer: Sovereign Power and Bare Life*. Stanford, CA: Stanford UP, 1998.

_____ *Remnants of Auschwitz: The Witness and the Archive*. New York: Zone Books, 2000.

Agosin, Marjorie. "Inhabitants of Decayed Places: The Dictator in the Latin American Novel." *Human Rights Quarterly* 12/2 (1990): 328-35.

Alcalde A., José Alberto. *Juan Vicente y Eustoquio Gómez: Dos taitas chácharos*. Valencia, Venezuela: Vadell Hermanos, 1997.

Alciato, Andrea. *Emblematum libellus*. Venecia: Aldus, 1546. *Alciato at Glasgow*. <http://www.emblems.arts.gla.ac.uk/alciato>. 14 dic. 2010.

Adelman, Jonathan R., ed. *Terror and Communist Politics: The Role of Secret Police in Communist States*. London: Westview P, 1984.

Altuve Carrillo, Leonardo. *Los idus de noviembre: Asesinato del Presidente de la Junta Militar*. Caracas: Roca Interamericana, 1992.

Anderson, Benedict. *Imagined Communities: Reflections on the Origin and Spread of Nationalism*. Londres: Verso, 1991.

Arguedas, Alcides. *La danza de las sombras. Obras completas*. México: Aguilar, 1959.

Asturias, Miguel Ángel. *El Señor Presidente*. Edición crítica. Gerald Martin, ed. Madrid: ALLCA XX, 2000.

Avendaño, Astrid. *Arturo Uslar Pietri: Entre la razón y la acción*. Caracas: Oscar Todtmann, 1996.

Badiou, Alain. *Ethics: An Essay on the Understanding of Evil*. London: Verso, 2001.

Barber, Paul. *Vampires, Burial, and Death: Folklore and Reality.* New Haven: Yale UP, 1988.

Barreto, Daisy J. "Perspectiva histórica del mito y culto a María Lionza". *Boletín Americanista* 39 (1989): 9-26.

Battistini, Matilde. *Symbols and Allegories in Art.* Los Angeles: J. Paul Getty Museum, 2005.

Baudrillard, Jean. *America.* London: Verso, 2010.

Benjamin, Walter. *The Origin of German Tragic Drama.* London: Verso, 2009.

Beverley, John. *Against Literature.* Minneapolis: U of Minnesota P, 1993.

Bigo, Didier. "The Möbius Ribbon of Internal and External Security(ies)." *Identities, Borders, Orders: Rethinking International Relations Theory.* M. Albert, D. Jacobson y Y. Lapid, eds. Minneapolis: U of Minnesota P, 2001.

Bourdieu, Pierre. *The Rules of Art: Genesis and Structure of the Literary Field.* Susan Emanuel, trad. Stanford: Stanford UP, 1996.

Bossy, John. *Christianity in the West, 1400-1700.* New York: Oxford UP, 1985.

Bloch, Ernst. *The Principle of Hope.* Vol. 1. N. Plaice, S. Plaice y P. Knight, trads. Cambridge: MIT P, 1986.

Brass, Tom. *Peasants, Populism, and Postmodernism: The Return of the Agrarian Myth.* London: F. Cass, 2000.

Bravo, Víctor. "Arturo Uslar Pietri y el imaginario de la nación". *Los nombres de Arturo Uslar Pietri: Una valoración multidisciplinaria.* Mérida, Venezuela: Universidad de los Andes, 2006. 29-35.

Briggs, Billy. "Secrets of the Dead." *The Guardian.* 2 feb. 2007. <http://www.theguardian.com/theguardian/2007/feb/02/features11.g2>. 21 sept. 2010.

Burggraaff, Windfield J. *The Venezuelan Armed Forces in Politics 1935-1959.* Columbia: U of Missouri P, 1972.

Caballero, Manuel. "El hombre Gómez: Un retrato enemigo". *Juan Vicente Gómez y su época.* Elías Pino Iturrieta, ed. Caracas: Monte Ávila, 1988. 11-23.

_____ *Gómez: El tirano liberal.* Caracas: Monte Ávila, 1993.

Campos, Miguel Ángel. "La novela, el tema del petróleo y otros equívocos". *Nación y literatura: itinerarios de la palabra escrita en la cultura venezolana*. Carlos Pacheco, L. Linares Barrera y B. González Stephan, eds. Venezuela: Fundación Bigott, 2006. 479-92.

Casanova, Eduardo. "Un retrato en la geografía y Estación de máscaras, de Arturo Uslar Pietri". *A los amigos invisibles: Visiones de Arturo Uslar Pietri*. Laura Febres, comp. Caracas: Universidad Metropolitana, 2006.

Castillo, Ocarina. *Un hombre, un dilema, un magnicidio: Carlos Delgado Chalbaud*. Caracas: Universidad Central de Venezuela, 2011.

Castro Leiva, Luis. *El dilema octubrista 1945-1987*. Caracas: Lagoven, 1988.

Ceballos Gómez, Diana Luz. "Hechicería y brujería en el Nuevo Reino de Granada: una lectura del mundo". *Observation and Communication: The Construction of Realities in the Hispanic World*. Johannes-Michael Scholz y Tamar Herzog, eds. Frankfurt am Main: Klostermann, 1997. 341-70.

_____ *Hechicería, brujería, e inquisición en el Nuevo Reino de Granada: Un duelo de imaginarios*. Bogotá: Universidad Nacional, 1994.

"Chávez: 'Pregúntenle a los pre majunches del lado de quién están' ¿Pueblo o banqueros?" *Youtube*. 18 nov. 2011. <https://youtu.be/U9F2SYZ8sGw>. 15 mayo 2012.

Chevalier, François. "The Roots of Personalismo." *Dictatorship in Spanish America*. Hugh M. Hamill, ed. New York: Knopf, 1965. 35-51.

Chiossone, Tulio. *Historia del estado Táchira*. Caracas: Biblioteca de Autores y Temas Tachirenses, 1982.

Clegern, Wayne M. *Origins of Liberal Dictatorship in Central America: Guatemala, 1865-1873*. Niwot, CO: U of Colorado P, 1994.

Coronil, Fernando. *The Magical State: Nature, Money, and Modernity in Venezuela*. Chicago: U of Chicago P, 1997.

Covarrubias Orozco, Sebastián de. *Tesoro de la lengua castellana o española*. Madrid: Melchor Sánchez, 1674. *Biblioteca Virtual Miguel de Cervantes*. 10 marzo 2011. <http://www.cervantesvirtual.com/obra/del-origen-y-principio-de-la-lengua-castellana-o-romance-que-oy-se-vsa-en-espana-compuesto-por-el--0/>. 5 ago. 2015.

Daly, Peter M. "Sixteentth-Century Emblems and Impress as Indicators of Cultural Change." *Interpretation and Allegory: Antiquity to the Modern Period*. Jon Whitman, ed. Leiden: Brill, 2000. 384-416.

Deas, Malcolm. "Miguel Antonio Caro y amigos: Gramática y poder en Colombia". *Del poder y la gramática y otros ensayos sobre historia, política y literatura colombianas*. Bogotá: Tercer Mundo, 1993. 25-60.

Del silencio a la memoria: Revelaciones del Archivo Histórico de la Policía Nacional. Vol. 1. Guatemala: Archivo Histórico de La policía Nacional, 2011. <http://archivohistoricopn.org/>. 8 ago. 2012.

Deleuze, Gilles. *Difference and Repetition*. Paul Patton, trad. New York: Columbia UP, 1994.

Deleuze, Gilles y Félix Guattari. *Anti-Oedipus: Capitalism and Schizophrenia*. Robert Hurley, Mark Seem y Helen R. Lane, trads. Minneapolis: U of Minnesota P, 1983.

Derrida, Jacques. *Specters of Marx: The State of the Debt, the Work of Mourning, and the New International*. Peggy Kamuf, trad. New York: Routledge, 1994.

Díez, Julio. *Historia y política*. Caracas: Pensamiento Vivo, 1963.

Doyle, Kate. "The Guatemalan Police Archives." *National Security Archive Electronic Briefing Book Nº 170*. <http://repositories.lib.utexas.edu/handle/2152/13749>. 4 ago. 2015.

Dupray, Normand. *Aves de rapiña sobre Venezuela: Análisis de la situación política contemporánea de Venezuela y de las causas por las cuales fue asesinado el Coronel Carlos Delgado Chalbaud*. Buenos Aires: 1958.

Foucault, Michel. *Discipline and Punish: The Birth of the Prison*. New York: Pantheon Books, 1977.

_____ *Madness and Civilization: A History of Insanity in the Age of Reason*. New York: Vintage Books, 1988.

_____ *The Archeology of Knowledge*. Sheridan Smith, trad. New York: Pantheon Books, 1972.

Freud, Sigmund. *The Interpretation of Dreams*. New York: Macmillan, 1913.

Friedman, Elisabeth. *Unfinished Transitions: Women and the Gendered Development of Democracy in Venezuela, 1936-1996*. University Park: Pennsylvania State UP, 2000.

Gallegos, Rómulo. *Doña Bárbara*. Caracas: Biblioteca Ayacucho, 1977.
Garcés, Maye Primera. *Diógenes Escalante (1879-1964)*. Caracas: El Nacional, 2007.
Garst, Rachel. *Military Intelligence and Human Rights in Guatemala: The Archivo and the Case for Political Reform*. Washington DC: WOLA, 1995.
Gil Fortoul, José. *El hombre y la historia*. Madrid: América, 1916.
Gomes, Miguel. "La persistencia de la nación: el país como signo en la nueva narrativa venezolana". *Revista de Estudios Hispánicos* 46 (2012): 115-33.
Gómez, Carlos Alarico. *El poder andino: de Cipriano Castro a Medina Angarita*. Caracas: El Nacional, 2007.
Gómez-Barris, Macarena. "Visual Testimonies of Atrocity: Archives of Political Violence in Chile and Guatemala." *Journal of Visual Culture* 9/3 (2010): 409-19. <http://vcu.sagepub.com/content/9/3/409.abstract>. 15 sept. 2015.
González Echevarría, Roberto González. *Myth and Archive: A Theory of Latin American Narrative*. Cambridge: Cambridge UP, 1990.
_____ "The Dictatorship of Rhetoric/The Rhetoric of Dictatorship: Carpentier, García Márquez, and Roa Bastos." *Latin American Research Review* 15/3 (1980): 205-28.
González, Fernando. *Mi compadre*. Medellín: Corporación Otraparte, 2002. <otraparte.org/ideas/pdf/1934-compadre.pdf>. 8 ago. 2012.
Granados, Aimer. "Hispanismos, nación y proyectos culturales. Colombia y México: 1886-1921. Un estudio de historia comparada". *Memoria y Sociedad* 9/19 (2005): 5-15.
Grandin, Greg. "The Instruction of Great Catastrophe: Truth Commissions, National History, and State Formation in Argentina, Chile, and Guatemala." *The American Historical Review* 110/1 (2005): 46-67.
Guatemala: Memoria del silencio. Guatemala: CEH, 1999. <http://www.centrodememoriahistorica.gov.co/descargas/guatemala-memoria-silencio/guatemala-memoria-del-silencio.pdf>. 5 ago. 2015.
Guatemala: Nunca más. Guatemala: ODHAG, 1998. <http://www.odhag.org.gt/03publicns.htm>. 5 ago. 2015.

Gutiérrez, Edgar. *Hacia un paradigma democrático del sistema de inteligencia en Guatemala*. Ciudad de Guatemala, Guatemala: Fundación Myrna Mack, 1999.

Gutiérrez Girardot, Rafael. "La crítica a la aristocracia bogotana en Gabriel García Márquez y R.H. Moreno-Durán". *R. H. Moreno-Durán, Fantasía y Verdad*. Luz Mery Giraldo, ed. Bogotá: U Nacional de Colombia/Unibiblos, 2005. 72-98. <http://www.bdigital.unal.edu.co/1527/3/02CAPI01.pdf>. 5 ago. 2015.

Gutiérrez Mouat, Ricardo. "La letra y el letrado en *El Señor Presidente*, de Asturias". *Revista Iberoamericana* LIII/140 (1987): 643-50.

Gutiérrez Sanín, Francisco. "¿Todo tiempo pasado fue mejor? Apuntes sobre la nostalgia republicana en Colombia contemporánea". *Mitos políticos en las sociedades andinas: Orígenes, invenciones y ficciones*. Germán Carrera Damas, ed. Caracas: Equinoccio/Universidad Simón Bolívar, 2006. 111-28.

Haggerty, Kevin D. y Richard V. Ericson. "The Surveillant Assemblage." *British Journal of Sociology* 51/4 (2000): 605–22.

Heidegger, Martin. *Ser y tiempo*. Jorge Eduardo Rivera, trad. Santiago: Universitaria, 2005.

Hier, Sean P. *Surveillance: Power, Problems, and Politics*. Vancouver: UBC Press, 2009.

Huacuja, Judith. "What is the Mano Poderosa?" *The Mary Questions Page*. *The Marian Library/International Marian Research Institute*. University of Dayton. <http://campus.udayton.edu/mary/questions/yq2/yq327.html>. 7 mayo 2012.

Jaramillo Zuluaga, J. E. "*Los felinos del Canciller*: Una crítica a las fundaciones". *R. H. Moreno-Durán, Fantasía y Verdad*. Luz Mery Giraldo, ed. Bogotá: Universidad Nacional de Colombia/Unibiblos, 2005. 37-51. <http://www.bdigital.unal.edu.co/1527/3/02CAPI01.pdf>. 5 ago. 2015.

Jaramillo, María Dolores. "Jorge Zalamea y El Gran Burundún-Burundá". *Revista Iberoamericana* LXVI/192 (2000): 587-600.

Jeffrey, Paul. "Secret Files Open Window on Guatemala's Violent Past." *National Catholic Reporter* 43/33 (2007): 5-6.

"Juan Vicente Gómez". *Espiritismo venezolano y sus cortes*. 7 julio 2011. <http://www.espiritismovenezuela.com/t726-juan-vicente-gomez>. 9 ago. 2015.

Juan Vicente Gómez y su época. Manuel de Pedro, dir. Caracas: Cinecoteca Venezolana C.A./Cine Archivo Bolívar Films, 1999.

Kevane, Bridget. "El viaje en los Diarios de Cristóbal Colón y en Los Pasos Perdidos de Alejo Carpentier". *Mester* 21/2 (1992): 171-81.

Kline, Harvey F. *State Building and Conflict Resolution in Colombia, 1986-1994*. Tuscaloosa: U of Alabama P, 1999.

Knott, Kim. *The Location of Religion: A Spatial Analysis*. London: Equinox Publishing, 2005.

Kokotovic, Misha. "Neoliberal Noir: Contemporary Central American Crime Fiction as Social Criticism." *Clues* 24/3 (2006): 15.

König, Hans-Joachim. *En el camino hacia la nación: Nacionalismo en el proceso de formación del Estado y de la nación de la Nueva Granada, 1750 a 1856*. Dagmar Kusche y Juan José de Narváez, trad. Bogotá: Banco de la República, 1994.

Kristeva, Julia. *Powers of Horror: An Essay on Abjection*. Leon S. Roudiez, trad. New York: Columbia UP, 1982.

Lacan, Jacques. *Écrits: A Selection*. New York: Norton, 1977.

_____ *The Four Fundamental Concepts of Psycho-Analysis*. New York: Norton, 1978.

La oposición a la dictadura gomecista: La prensa clandestina y otros documentos. Ramón J. Velásquez, dir. *El pensamiento político venezolano del siglo XX. Documentos para su estudio*. Caracas: Congreso de la República, 1983.

La oposición a la dictadura gomecista: Liberales y nacionalistas. Ramón J. Velásquez, dir. *El pensamiento político venezolano del siglo XX. Documentos para su estudio*. Caracas: Congreso de la República, 1983.

La Santa Biblia: Antiguo y nuevo testamento. Casiodoro de Reina y Cipriano de Valera, eds. Nashville, Tenn: Broadman & Holman Publishers, 1990.

Lavin, John. *A Halo for Gómez*. New York: Pageant Press, 1954.

Lawlor, Clark. *Consumption and Literature: The Making of the Romantic Disease*. New York: Palgrave Macmillan, 2006.

Lefebvre, Henri. *The Production of Space*. Oxford: Basil Blackwell, 1991.
Lehtinen, Katri. "Intimations of Evil and Power." *This Thing of Darkness: Perspectives on Evil and Human Wickedness*. Richard Paul Hamilton y Margaret Sönser Breen, eds. Amsterdam: Rodopi, 2004. 1-19.
López Borges, Nicanor. *El asesinato de Delgado Chalbaud: Análisis de un sumario*. Caracas: Ediciones Centauro, 1971.
López Contreras, Eleázar. *Proceso político social: 1928-1936*. Caracas: Ancora, 1955.
Lyon, David. *Surveillance Studies: An Overview*. Cambridge: Polity, 2007.
MacBeth, Brian S. *Dictatorship and Politics: Intrigue, Betrayal, and Survival in Venezuela, 1908-1935*. Notre Dame: U of Notre Dame P, 2008.
Malchow, Howard L. *Gothic Images of Race in Nineteenth-century Britain*. Stanford: Stanford UP, 1996.
Man, Paul de. "The Rhetoric of Temporality." *Blindness and Insight*. Minneapolis: U of Minnesota P, 1983.
Manz, Beatriz. "The Continuum of Violence in Post-War Guatemala." *Social Analysis* 52/2 (2008): 151-64.
Marin, Louis. *Utopics: The Semiological Play of Textual Spaces*. Atlantic Highlands, NJ: Humanities Press International, 1990.
Martín, Gustavo. *Magia y religión en la Venezuela contemporánea*. Caracas: Universidad Central de Venezuela, 1983.
Marx, Karl. *Outlines of the Critique of Political Economy*. Martin Nicolaus, trad. London: Pinguin, 1973.
McBeth, B. S. *Dictatorship & Politics: Intrigue, Betrayal, and Survival in Venezuela, 1908-1935*. Notre Dame: U of Notre Dame P, 2008.
_____ *Juan Vicente Gómez and the Oil Companies in Venezuela, 1908-1935*. Cambridge: Cambridge UP, 1983.
Moreno Durán, Rafael Humberto. *Los felinos del Canciller*. México: Planeta, 1998.
Moreno Uribe, E. A. "Diógenes Escalante pide justicia". 29 oct. 2011. <http://elespectadorvenezolano.blogspot.com/2011/10/diogenes-escalante-pide-justicia.html>. 4 ago. 2015.
_____ "Javier Vidal revive a Diógenes Escalante". 2 julio 2011. <http://elespectadorvenezolano.blogspot.com/2011/07/javier-vidal-usa-camisas-de-diogenes.html>. 4 ago. 2015.

Oglesby, Elizabeth y Amy Ross. "Guatemala's Genocide Determination and the Spatial Politics of Justice." *Space and Polity* 13/1 (2009): 21-39.

Olavarría, Jorge. *Gómez: Un enigma histórico*. Caracas: Fundación Olavarría, 2007.

"Oración a la mano poderosa". *Oraciones milagrosas y poderosas*. 14 oct. 2014. <http://www.oracionesmilagrosasypoderosas.com/2014/10/mano-poderosa-oracion-para-conseguir-un.html>. 18 ago. 2012.

Ortiz Wallner, Alexandra. "Constitución de nuevos espacios discursivos en tres novelas centroamericanas de posguerra". *Istmo: Revista Virtual de Estudios Literarios y Culturales Centroamericanos* 4 (2002). <http://istmo.denison.edu/n04/proyectos/posguerra.html>. 04 ago. 2015.

Pacheco, Carlos. "La palabra y el poder: Contradicciones de la palabra sometida en 'Oficio de difuntos', de Arturo Uslar Pietri". *Revista de Crítica Literaria Latinoamericana* 14 (1981): 65-86.

_____ *La patria y el parricidio: Estudios y ensayos críticos sobre la historia y la escritura en la narrativa venezolana*. Mérida: El Otro, El Mismo, 2001.

_____ *Narrativa de la dictadura y crítica literaria*. Caracas: CELARG, 1987.

Palacios, Marco. "La clase más ruidosa. A propósito de los reportes británicos sobre el siglo XX colombiano". *La clase más ruidosa y otros ensayos sobre política e historia*. Bogotá: Norma, 2002. 155-204.

_____ "Una memoria inocente: entre la pompa y la rumba. Comentarios de historiador a Los felinos del Canciller, de R.H. Moreno Durán". *La clase más ruidosa y otros ensayos sobre política e historia*. Bogotá: Norma, 2002. 205-24.

Parra, Teresita. *Visión histórica en la obra de Arturo Uslar Pietri*. Madrid: Pliegos, 1993.

Pérez de Medina, Elena. "Variaciones sobre la incertidumbre y la violencia". *La fugitiva contemporaneidad: narrativa latinoamericana, 1990-2000*. Celina Manzoni, ed. Buenos Aires: Corregidor, 2003. 188-209.

Pérez, Ana Mercedes. *La verdad inédita (Historia de la Revolución de Octubre revelada por sus dirigentes militares)*. Caracas: Artes Gráficas, 1947.

Pinto Soria, Julio César. *El Estado y la violencia en Guatemala*. Guatemala: Centro de Estudios Urbanos y Regionales/Universidad de San Carlos Guatemala, 2004.

Platón. "El Sofista". *Obras completas*. Patricio de Azcárate, ed. Madrid, 1841. <http://www.filosofia.org/cla/pla/azcarate.htm>. 15 sept. 2015.

Polt, Richard. *Heidegger: An Introduction*. Ithaca: Cornell UP, 1998.

Posada Carbó, Eduardo. "Colombia en Cesarismo democrático". *Mitos políticos en las sociedades andinas: Orígenes, invenciones y ficciones*. Germán Carrera Damas, ed. Caracas: Editorial Equinoccio/Universidad Simón Bolívar, 2006. 255-67.

_____ *La Nación Soñada: Violencia, liberalismo y democracia en Colombia*. Bogotá: Norma, 2006.

Prieto, René. *Miguel Angel Asturias's Archaeology of Return*. Cambridge: Cambridge UP, 1993.

Prouty, Garry. "The Hallucination as the Unconscious Self." *Journal of the American Academy of Psychoanalysis and Dynamic Psychiatry* 32/4 (2004): 597-612.

Rama, Ángel. *Los dictadores latinoamericanos*. México: Fondo de Cultura Económica, 1976.

Rey Rosa, Rodrigo. *Caballeriza*. Barcelona: Seix Barral, 2006.

_____ *El material humano*. Barcelona: Anagrama, 2009.

_____ *Ningún lugar sagrado*. Barcelona: Seix Barral, 1998.

_____ *Que me maten si...* Barcelona: Seix Barral, 1997.

_____ *Siempre juntos y otros cuentos*. Oaxaca, MX: Almadía, 2008.

Roche Rodríguez, Michelle. "Federico Vegas: Delgado Chalbaud es el Hamlet de la historia de Venezuela". *El Nacional*. 10 julio 2010. <http://lbarragan.blogspot.com/2010/07/expedientes-x.html>. 5 ago. 2015.

Rodríguez, Luis Cipriano. "Gómez y el agro". *Juan Vicente Gómez y su época*. Elías Pino Iturrieta, ed. Caracas: Monte Ávila, 1988. 91-114.

Rodríguez, Teresita. *La problemática de la identidad en* El Señor Presidente *de Miguel Ángel Asturias*. Amsterdam: Rodopi, 1989.

Rodríguez-García, José María. *The City of Translation: Poetry and Ideology in Nineteenth-Century Colombia*. New York: Palgrave Macmillan, 2010.

Rosenbaum, H. Jon y Peter C. Sederberg. "Vigilantism: An Analysis of Establishment Violence." *Vigilante Politics*. Philadelphia: U of Pennsylvania P, 1976. 3-29.

Rourke, Thomas. *Gómez: Tyrant of the Andes*. 1936. New York: Greenwood Press, 1969.

Saavedra Fajardo, Diego de. *Idea de un Príncipe Político Christiano: representada en cien Empresas*. Mónaco: Imprenta de Nicolao Enrico, 1640. <https://archive.org/details/principepolitico00saav>. 14 dic. 2010.

Salas de Lecuna, Yolanda. *Bolívar y la historia en la conciencia popular*. Caracas: Universidad Simón Bolívar, 1987.

Samper, José María. *Ensayo sobre las revoluciones políticas y la condición social de la república colombiana*. Bogotá: Centro, 1861. <https://books.google.com.bo/books?id=WkxmZeDHV4C&printsec=frontcover&dq=Jose+Maria+Samper+Ensayo+sobre+las+revoluciones+politicas&hl=es-419&sa=X&redir_esc=y#v=onepage&q=Jose%20Maria%20Samper%20Ensayo%20sobre%20las%20revoluciones%20politicas&f=false>. 4 ago. 2015.

Schochet, Gordon J. *Patriarchalism in Political Thought: The Authoritarian Family and Political Speculation and Attitudes, Especially in Seventeenth-Century England*. New York: Basic Books, 1975.

Showalter, Elaine. *Sexual Anarchy: Gender and Culture at the Fin De Siècle*. New York: Viking, 1990.

Solaeche, María Cristina. "Carlos Borges: Poemario: cantos del alma y del cuerpo, ¡armonía del cielo y la tierra!". *Letralia* 246 (2011). <http://www.letralia.com/246/ensayo02.htm>. 5 ago. 2015.

Sommer, Doris. *Foundational Fictions: The National Romances of Latin America*. Berkeley: U of California P, 1991.

Sontag, Susan. *Illness as Metaphor*. New York: Farrar, Straus and Giroux, 1978.

Suniaga, Francisco. *El pasajero de Truman*. Caracas: Random House Mondadori, 2008.

Taussig, Michael T. "La magia del Estado: María Lionza y Simón Bolívar en la Venezuela Contemporánea". *De palabra y obra en el Nuevo*

Mundo. Manuel Gutiérrez Estévez, Miguel León-Portilla, Gary H. Gossen y otros, eds. Volumen 2. México: Siglo XXI. 489-518.

Torres, Ana Teresa. *La herencia de la tribu: Del Mito de la Independencia a la Revolución Bolivariana*. Caracas: Alfa, 2009.

Trigo, Pedro. "Oficio de difuntos". *Revista SIC* 396 (1977): 272.

Urrutia, Miguel. "On the Absence of Economic Populism in Colombia." *Macroeconomics of Populism in Latin America*. Rudiger Dornbusch, ed. Chicago: U of Chicago P, 2007. 381-87.

Uslar Pietri, Arturo. *Cuentos completos*. Volumen 1. Bogotá: Norma, 2000.

_____ *Fantasmas de dos mundos*. Barcelona: Seix Barral, 1979. 11-30.

_____ *Letras y hombres de Venezuela*. Madrid: Editorial Mediterráneo, 1974.

_____ *Nuevo mundo, mundo nuevo*. Caracas: Biblioteca Ayacucho, 1998.

_____ *Obras selectas*. Caracas: Edime, 1977.

_____ *Oficio de difuntos*. Barcelona: Seix Barral, 1976.

Vallenilla Lanz, Laureano (hijo). *Escrito de memoria*. México: Mazatlán, 1961.

Vallenilla Lanz, Laureano. *Obras Completas*. Brito Figueroa y Nikita Harwich Vallenilla, eds. Caracas: Universidad Santa María, 1983.

Vegas, Federico. *Sumario*. Caracas: Alfaguara, 2010.

Wade, Peter. *Blackness and Race Mixture: The Dynamics of Racial Identity in Colombia*. Baltimore: Johns Hopkins UP, 1993.

_____ *Race and Ethnicity in Latin America*. London: Pluto Press, 2010.

Waldmann, Peter. *El Estado anómico: Derecho, seguridad pública y vida cotidiana en América Latina*. Mónica Delacre, trad. Madrid: Iberoamericana, 2006.

Wolf, Eric R. y Edward C. Hansen. "Caudillo Politics: A Structural Analysis." *Comparative Studies in Society and History* 9/2 (1967): 168-79.

Wright, Winthrop R. *Café con leche: Race, Class, and National Image in Venezuela*. Austin: U of Texas P, 1990.

Yañes, Oscar. *Amores de última página*. Caracas: Planeta, 1993.

Yarrington, Doug. "Cattle, Corruption, and Venezuelan State Formation during the Regime of Juan Vicente Gómez, 1908-35." *Latin American Research Review* 38/2 (2003): 3-33.

Zagajewski, Adam. "Instructions for the Secret Police." *Two Cities: On Exile, History and the Imagination*. Lillian Vallee, trad. Athens: U of Georgia P, 2002.

Žižek, Slavoj. *Looking Awry: An Introduction to Jacques Lacan through Popular Culture*. Cambridge: MIT Press, 1991.

Zimmermann, Heiner. "Macbeth and Hercules." *Renaissance Studies* 20/3 (2006): 356-78.

Zumeta, César. *La ley del cabestro*. Nueva York: Unz & Co. Impresores, 1902.